개독교를 위한 변명
Excuses for doggish Christianity

개독교를 위한 변명
Excuses for doggish Christianity

초판1쇄 인쇄 2019년 2월 11일
초판1쇄 발행 2019년 2월 13일

지은이 차 한
발행인 이왕재

펴낸곳 건강과 생명(www.healthlife.co.kr)
주 소 03082 서울시 종로구 대학로7길 7-4 1층
전 화 02-3673-3421~2 팩 스 02-3673-3423
이메일 healthlife@healthlife.co.kr
등 록 제 300-2008-58호

총 판 예영커뮤니케이션
전 화 02-766-7912 팩 스 02-766-8934

정 가 12,000원

'라온누리' 는 도서출판 '건강과 생명' 의 새로운 출판브랜드입니다.
본서의 성경구절은 달리 언급되지 않는 한 '그리스도 예수 안에' 에서
출간된《흠정역 성경》에서 인용하였습니다.

비난받는 교회, 오해받는 기독교…
명쾌한 변증으로 풀다!!

개독교를 위한 변명
Excuses for doggish Christianity

차 한 지음

라온누리

✳ 목차

제4부 간증

제5부 성경 이슈

부록 | Appendix

✳ 서문

가천의대 '선택의학' 강좌에 도움이 되도록 만든 단행본 「성경과 의학」이 출간된 지 두 해가 지났다. 이후에도 하나님께서는 월간 「건강과 생명」을 위시하여 여러 매체에 계속해서 신앙칼럼을 쓸 수 있도록 은혜를 베풀어 주셨다. 아울러 여러 교회와 선교회 등에서 설교를 할 수 있도록 은혜를 더하여 주셨다.

이러던 중 교계 안팎에서 기독교를 비난하는 목소리가 점차 커지고 있는 세태를 보면서 필자의 칼럼들과 설교들 중 일부를 추려 기독교 변증서를 내보면 좋을 것 같다는 생각을 하게 되었다. 물론 기존에 필자가 집필한 저서들 가운데 「성경으로 세상보기」 및 「성경으로 세상보기2」도 기독교 변증서이지만 좀 더 도발적인 제목 하에 업그레이드 된 내용들을 담아보려고 하였다.

그래서 이 책의 출간을 위해 기도하던 가운데 하나님께서는 출판에 필요한 재정도 여러 도움의 손길들을 통해 놀랍게 마련해 주셨다. 특히 성호네 가족의 사랑이 없었다면 이 책은 결코 발간될 수 없었을 것이다. 끊임없이 사랑의 빚을 지고 살아가게 하신 주님의 은혜에 감사를 드리며 또한 주님의 사랑을 베풀어 주신 모든 분들께도 감사를 드린다.

이 책은 총 5부로 구성을 하였다. 기독교의 실제, 뉴에이지, 성경 속 과학, 간증, 성경 이슈 등의 주제 하에 각각 3편의 설교 또는 칼럼을 실었다. 그리고 부록에서 척 스미스 목사님과 주고받은 편지들과 필자가 출석하는 인천국제침례교회(IIBC)의 외국인들을 위해 이 단행본의 주제가 되는 영어 설교 한 편을 수록하였다. 또 구원을 받고 신앙생활을 잘 해나가기 위해 꼭 알아야 할 보혈(寶血) 칼럼도 첨가하였다.

그간 필자의 책들을 읽어본 독자들이라면 잘 아시겠지만 이 책의 칼럼들 중 세 편은 이미 저자의 기존 책들에 수록되어 있는 것들이다. 그럼에도 「개독교를 위한 변명」이라는 제목 하에 다시 수록하는 까닭은 기독교 변증에 매우 중요한 내용이라 여겨졌기 때문이다.

앞으로 이 책이 누구의 손에 들려 읽히든지 생명의 역사가 순결하게 확산되기를 소망한다. 아울러 일일이 거명을 하지는 못하지만 필자의 사역을 위해 지속적으로 기도해주고 계시는 많은 동역자들께도 지면을 빌려 진심으로 감사의 마음을 전해드린다. 마지막으로 이 책을 통해 오직 하나님께로 모든 영광과 존귀가 올려지길 기도한다.

2019년 2월 1일 차 한

1

1부 _ 기독교의 실제

세 부류의 사람들

왜 창조인가?

선교와 전도 그 허와 실

세 부류의 사람들

고전2:14-3:17 _ "14 그러나 **본성에 속한 사람**은 하나님의 영의 것들을 받아들이지 아니하나니 그것들이 그에게는 어리석은 것이니라. 또 그가 그것들을 알 수도 없나니 이는 그것들이 영적으로 분별되기 때문이니라. 15 오직 **영에 속한 사람**은 모든 것을 판단하나 그 자신은 아무에게도 판단을 받지 아니하느니라. 16 누가 주의 생각을 알아서 그를 가르치겠느냐? 그러나 우리가 그리스도의 생각을 가졌느니라. 1 형제들아, 내가 **영에 속한 자**에게 말하는 것 같이 너희에게 할 수 없어서 **육신에 속한 자** 곧 그리스도 안에 있는 갓난아이들에게 말하는 것 같이 하였노라. 2 내가 너희를 젖으로 먹이고 음식으로 하지 아니하였나니 이는 지금까지 너희가 그것을 능히 감당하지 못하였으며 지금도 능히 못하기 때문이라. 3 너희가 아직도 <u>육신에 속하였도다</u>. 너희 가운데 시기와 다툼과 분열이 있으니 너희가 <u>육신에 속하여</u> 사람들처럼 걷지 아니하느냐? 4 어떤 이는 말하기를, 나는 바울에게 속하였다, 하고 다른 이는 말하기를, 나는 아볼로에게 속하였다, 하나니 너희가 <u>육신에 속하지</u> 아니하였느냐? 5 그런즉 바울은 누구며 아볼로는 누구냐? 그들은 단지 주께서 각 사람에게 주신 대로 <u>너희로 하여금 믿게 한 사역자들이니라</u>. 6 <u>나는 심었고 아볼로는 물을 주었으되</u> 오직 하나님께서 자라나게 하셨나니 7 그런즉 이와 같이 심는 자나 물 주는 자는 아무것도 아니며 자라나게 하시는 이는 오직 하나님이시니라. 8 이제 심는 자와 물 주는 자는 하나이며 <u>저마다 자기의 수고에 따라 자기의 보상을 받으리라</u>. 9 <u>우리는 하나님과 함께 일하는 일꾼이요</u>, 너희는 하나님의 농사요, 하나님의 건물이니라. 10 내게 주어진 하나님의 은혜에 따라 내가 지혜로운 주건축자로서 기초를 놓았고 다른 사람이 그 위에 세우되 저마다 어떻게 그 위에 세울지 주의할지니라. 11 아무도 이미 놓은 기초 외에 능히 다른 기초를 놓을 수 없나니 <u>이 기초는 곧 예수 그리스도시니라</u>. 12 그런데 만일 어떤 사람이 이 기초 위에 금이나 은이나 보석이나 나무나 건초나 짚을 세우면 13 각 사람의 일이 드러나리라. 그 날이 그것을 밝히 드러내리니 이는 그것이 불에 의해 드러나고 <u>그 불이 각 사람의 일이 어떤 종류인지 그것을 시험할 것이기 때문이라</u>. 14 어떤 사람이 그 기초 위에 세운 일이 남아 있으면 그는 <u>보상을 받고</u> 15 어떤 사람의 일이 불타면 그는 <u>보상의 손실을 당하리라</u>. 그러나 그 <u>자신은 구원을 받되 불에 의해 받는 것 같이</u> 받으리라. 16 너희가 하나님의 성전인 것과 하나님의 영께서 너희 안에 거하시는 것을 너희가 알지 못하느냐? 17 누구든지 하나님의 성전을 더럽히면 하나님께서 그를 멸하시리니 하나님의 성전은 거룩하며 너희가 곧 그 성전이니라."

1. 들머리

매스컴에서 기독교에 대한 얘기가 나오면 그 피드백이 엄청나다는 것을 여러분들도 잘 알고 계시리라 생각합니다. 특별히 익명성을 갖고 있는 인터넷 공간에서는 기독교라는 말보다 '개독교'라는 표현이 일반 네티즌들에게 더 친숙한 말이 된 것이 엄연한 현실입니다. 그런데 이러한 기독교 비하는 너무도 많은 근거와 팩트를 가지고 있습니다.

예를 들어 보겠습니다. 제 대학동문 중에 현재 큰 병원을 경영하고 있는 친구가 있습니다. 그는 일 년에 몇 번 부인을 따라 교회에 나가지만 아직 구원받지 못하였기 때문에 제가 오래전부터 복음을 전하기 위해 기도해오고 있는 중인데 하루는 이 친구가 제게 결코 믿고 싶지 않은 얘기를 들려주었습니다. 자기 병원 재무책임자가 아주 독실한 기독교 장로인데 (그래서 더 재무담당을 시켰을 거라는 생각을 해봅니다만) 몰래 수억 원을 착복하였다는 것이었습니다.

또 지난 달 정말로 믿고 싶지 않은 사건이 모 교회에서 일어났습니다. 주일마다 각기 다른 두 번의 예배 곧 '열린 새 신자 예배' 및 한국으로 돌아온 교포나 유학생들을 대상으로 한 '포인트 파이브 예배'를 인도해 왔고, 비서실과 통역실 등 그 교회의 실제 업무를 담임목사를 대리하여 모두 맡아온 J 목사의 불륜행각이 밝혀졌습니다.

J 목사는 존 파이퍼 목사의 설교와 필리핀 복싱 영웅 매니 파퀴아오의 간증을 통역했고, 유명 연예인의 결혼 주례 및 외교부와 기업체강의 등으로 일반인들에게도 유명한 분이죠. 그리고 기독교잡지 「리빙라이프」의 편집장이며 모 재벌그룹 부회장의 개인 성경공부를 수년간 지속해 오기도 했는데 한 영화배우로부터 '청년 예수의 모습 같다'고 극찬을 받기도 하였죠.

이처럼 전도유망하던 J 목사가 상대방에게 "결혼을 전제로 만나자, 5년 전부터 서류상의 이혼을 못했을 뿐 이혼한 것과 같다."라고 말하며 간통을 한 사실이 일 년 만에 밝혀졌습니다.

자, 이와 같은 현실에서 여러분들은 '개독교'라 칭해지는 오늘날의 기독교에 대한 변명을 어떻게 하실 수 있겠습니까?

그래서 저는 오늘 '세 부류의 사람들'이란 제목으로 기독교에 대한 변명을 하는 동시에 우리의 영적 상태가 어떠한지 살펴보고자 합니다. 그리하여 여러분과 제가 함께 주님께로 온전히 나아가는 시간이 되었으면 합니다.

2. 본성에 속한 사람

오늘 주일에 전 세계 곳곳에서 많은 사람들이 각 지역교회에 모여 예배를 드리고 있습니다. 그런데 우리가 간과해서는 안 되는 중요한 한 가지 사실은 예배에 참여하고 있는 사람들은 그 영적인 상태에 따라 크게 세 부류로 나눠진다고 하는 것입니다.

먼저 고전2:14을 보겠습니다.

> "그러나 **본성에 속한 사람**은 하나님의 영의 것들을 받아들이지 아니하나니 그것들이 그에게는 어리석은 것이니라. 또 그가 그것들을 알 수도 없나니 이는 그것들이 영적으로 분별되기 때문이니라."

첫 번째 부류는 '본성에 속한 사람' 입니다. 영어로는 natural man입니다. (참고로 natural man을 인문사회과학적으로는 '자연인' 이라 번역하는 것이 일반인데 킹제임스흠정역에서는 진화론적 개념을 깔고 있는 '자연인' 이라는 말 대신에 '본성에 속한 자' 라고 번역을 잘해 놓았습니다.)

14절을 보면 본성에 속한 사람의 정의는 "하나님의 영의 것들을 받아들이지 아니하는" 사람입니다. 즉 하나님의 영을 소유하지 못한 자 곧 구원받지 못한 자를 말합니다.

그렇습니다. 교회에 나와서 하나님께 예배를 드리면서도, 십일조 이상 헌금도 하고, 찬양대도 하고, 주일학교 교사도 하고, 심지어 장로나 목사의 직분을 맡고 있더라도 구원받지 못한 '본성에 속한 사람' 일 수 있습니다.

14절을 보면 '본성에 속한 사람' 의 특징은 하나님의 영의 것들이 그에게는 어리석은 것으로 여겨지는 것이라 하였습니다.

시편 14편 1절입니다.

> "어리석은 자는 그 마음에 이르기를, 하나님이 없다, 하도다. 저희
> 는 부패하고 소행이 가증하여 선을 행하는 자가 없도다."

즉 '본성에 속한 사람'은 어리석어서 하나님을 믿지 못하여 구원에 이르지 못할 뿐 아니라 부패하고 소행이 가증하여 선을 행하지 못하는 자를 말합니다.

비록 인사기록지의 종교 난에는 기독교라 쓰지만, 또 오늘처럼 주일에 교회에 나름 열심히 출석하여 예배를 드리기도 하여 기독교인으로 행세하고 있지만 '본성에 속한 사람'인 경우가 분명히 있습니다.

3. 육신에 속한 사람

두 번째 부류는 '육신에 속한 사람'입니다.
고린도전서 3장 1절을 보겠습니다.

> "형제들아, 내가 **영에 속한 자**에게 말하는 것 같이 **너희**에게 할 수
> 없어서 <u>육신에 속한 자</u> 곧 <u>그리스도 안에 있는 갓난아이들</u>에게 말하
> 는 것 같이 하였노라."

'육신에 속한 자'는 일단 '그리스도 안에' 있는 자들입니다. 영어로는 'carnal Christian' 곧 육신적인 그리스도인이라 할 수 있습니다. 즉 구원은 받았지만 영적으로 갓난아이라 표현되는 경우입니다. 이 말은 구원 받은 지 며칠밖에 되지 않았다는 것이 아닙니다. 10년, 20년 또는 한평생 신앙생활을 하였어도 영적으로 갓난아이일 수 있다는 말입니다.

저는 소아청소년과 의사입니다. 제 전공분야는 소아소화기영양학입니다. 그래서 신생아나 영아에게도 내시경을 시행하곤 합니다. 특히 동전이나 수은 배터리 같은 이물질들을 삼킨 아이들에게 내시경을 시행하여 위장관 이물질을 자주 제거하곤 합니다. 분별력이 있다면 결코 삼킬 수 없는 각종 이물질들을 삼키며 사고를 치는 것은 그들이 아직 성숙하지 못한 갓난아이들이기 때문입니다.

그렇습니다. 구원은 받았지만 영적으로 갓난아이이기 때문에 각종 사건사고의 주인공이 될 수 있는 것 또한 사실입니다.

계속하여 고린도전서 3장 2절을 보시겠습니다.

> "내가 너희를 젖으로 먹이고 음식으로 하지 아니하였나니 이는 지금까지 너희가 그것을 능히 감당하지 못하였으며 지금도 능히 못하기 때문이라."

그렇습니다. '육신적인 그리스도인'은 영적으로 갓난아이이기 때문에 단단한 음식을 먹을 수 없고 오직 젖만 먹을 수 있는 상태입니다.

히브리서 5장 12절입니다.

> "시간으로 보건대 너희가 마땅히 가르치는 자가 되었어야 할 터이나 하나님의 말씀들의 첫째 기초 원리들을 남에게 다시 가르침을 받아야 할 필요가 너희에게 있나니 너희가 단단한 음식이 아니라 젖을 필요로 하는 자가 되었도다."

신앙연륜은 오래 되었지만 하나님의 말씀들의 첫째 기초 원리들을 남에게 다시 가르침을 받아야 할 필요가 있을 정도로 성경말씀에 무지하게 되었기 때문에 육신적인 그리스도인의 상태로 머무르게 되는 것입니다.

고린도전서 3장 3,4절을 보겠습니다.

> "너희가 아직도 <u>육신에 속하였도다</u>. 너희 가운데 시기와 다툼과 분열이 있으니 너희가 <u>육신에 속하여</u> 사람들처럼 걷지 아니하느냐? 어떤 이는 말하기를, 나는 바울에게 속하였다, 하고 다른 이는 말하기를, 나는 아볼로에게 속하였다, 하나니 너희가 <u>육신에 속하지</u> 아니하였느냐?"

'육신적인 자' 곧 육신적인 그리스도인의 또 다른 특징은 시기와 다툼과 분열을 일으키며 세상 사람들처럼 삶을 살아가는 것입니다. 비록 구원은 받아 천국시민권을 소유하고 있지만 믿지 않는 불신자와 결코 구별되지 않는 인생을 사는 그리스도인들이 적지 않은 것이 사실입니다.

4. 영에 속한 사람

세 번째 부류는 '영에 속한 사람' 입니다.
고린도전서 2장 15,16절을 보겠습니다.

> "오직 **영에 속한 사람**은 모든 것을 판단하나 그 자신은 아무에게도 판단을 받지 아니하느니라. 누가 주의 생각을 알아서 그를 가르치겠느냐? 그러나 우리가 그리스도의 생각을 가졌느니라."

'영에 속한 사람'은 그리스도의 생각을 가졌기 때문에 모든 것을 판단할 수 있고 아무에게도 판단을 받지 아니하는 사람입니다(요14:26; 벧전2:12). 즉 성경 말씀을 늘 묵상함으로써 그리스도의 생각을 가지고 살아가는 이들이 영에 속한 사람입니다. 영어로는 spiritual Christian 영적인 그리스도인입니다.

고린도전서 3장 1,2절입니다.

> "형제들아, 내가 **영에 속한 자**에게 말하는 것 같이 너희에게 할 수 없어서 **육신에 속한 자** 곧 그리스도 안에 있는 갓난아이들에게 말하

> 는 것 같이 하였노라. 내가 너희를 젖으로 먹이고 음식으로 하지 아
> 니하였나니 이는 지금까지 너희가 그것을 능히 감당하지 못하였으
> 며 지금도 능히 못하기 때문이라."

'영에 속한 자' 곧 영적인 그리스도인은 육신에 속한 그리스도인과
달리 젖이 아니라 비프스테이크 같은 단단한 음식을 먹을 수 있는, 영적
으로 장성한 그리스도인을 말합니다.

히브리서 5장 14절을 보겠습니다.

> "그러나 단단한 음식은 장성한 자들에게 속하나니 그들은 그것을 사
> 용하여 자기 감각들을 단련시킴으로 선악을 분별하느니라."

'영적인 그리스도인들'은 단단한 음식을 먹을 수 있는 자들입니다.
곧 성경말씀의 깊은 이해를 통해 영적 감각들을 단련시킴으로써 선악
을 분별하는 능력을 갖게 됩니다.

5. 사역자

그래서 영적인 그리스도인들은 사역자로서의 삶을 살아갈 수 있게
됩니다.

고린도전서 3장 5절입니다.

> "그런즉 바울은 누구며 아볼로는 누구냐? 그들은 단지 주께서 각 사람에게 주신 대로 너희로 하여금 믿게 한 사역자들이니라."

영적인 그리스도인의 대표적 인물이 바울과 아볼로입니다. 그들은 고린도교회 성도들에게 복음을 전하여 그들이 믿고 구원을 받게 하였던 사역자들 곧 복음전도자들입니다.

고린도전서 3장 6,7절을 (계속해서) 보겠습니다.

> "나는 심었고 아볼로는 물을 주었으되 오직 하나님께서 자라나게 하셨나니 그런즉 이와 같이 심는 자나 물 주는 자는 아무것도 아니며 자라나게 하시는 이는 오직 하나님이시니라."

'영적인 그리스도인들'은 사역자로서의 삶을 살아가면서 자신은 아무것도 아니며 오직 하나님께서 모든 것을 주관하신다는, "I am nothing. He is everything." 이라는 신앙고백을 하게 됩니다.

아울러 영적인 그리스도인들은 사역자로서의 삶을 살아 갈 때, 곧 심고 물을 주는 등의 행위, 일, 수고 등을 통해서 보상을 받을 수 있음을 믿는 자들입니다.

고린도전서 3장 8,9절을 (계속해서) 보겠습니다.

> "이제 심는 자와 물 주는 자는 하나이며 <u>저마다 자기의 수고에 따라</u> <u>자기의 보상을 받으리라.</u> <u>우리는</u> 하나님과 함께 <u>일하는</u> 일꾼이요, 너희는 하나님의 농사요, 하나님의 건물이니라."

그렇습니다. 수고에는 보상이 주어집니다. 또 그래야만 합리적이라 할 수 있습니다. 그러나 오해를 하지 말아야 할 것은 결코 구원은 우리의 행위에 의해 이뤄질 수 없다는 사실입니다.

6. 행위와 보상

제가 O, X 퀴즈를 내겠습니다. 맞으면 O, 틀리면 X입니다.

"아무개 형제, 당신 그러고도 그리스도인이라 할 수 있어?" 이 말은 가능한 표현일까요 아니면 틀린 표현일까요? 또 "아무개 형제, 당신 그러고도 천국 갈 수 있어?" 이 말은 어떻습니까?
네, "그러고도 그리스도인이라 할 수 있어?" 이 말은 가능한 표현입니다. 그러나 "그러고도 천국 갈 수 있어?" 이 말은 성경적으로 틀린 말입니다.

에베소서 2장 8,9절을 보겠습니다.

> "너희가 믿음을 통해 은혜로 구원을 받았나니 그것은 너희 자신에게
> 서 난 것이 아니요 하나님의 선물이니라. 행위에서 난 것이 아니니
> 이것은 아무도 자랑하지 못하게 하려 함이라."

그렇습니다. 우리는 오직 믿음을 통해 은혜로 구원을 받게 됩니다.
결코 행위로는 구원을 받을 수 없습니다. 그리고 한번 받은 구원은 영
원히 보장되는 것이 성경적 진리입니다.

그러나 구원받은 후 우리에게는 하나님의 자녀 또는 천국시민권자로
서의 행위가 요구됩니다.

에베소서 2장 10절을 (계속해서) 보겠습니다.

> "우리는 그분의 작품이요 그리스도 예수님 안에서 선한 행위를 하도
> 록 창조된 자들이니라. 하나님께서 그 선한 행위를 미리 정하신 것
> 은 우리가 그 행위 가운데서 걷게 하려 하심이니라."

하나님께서 우리를 구원하신 목적은 단지 우리가 지옥에 가지 않고
천국에 들어가도록 하시기 위해서가 아닙니다. 물론 천국은 기본이지
만 그리스도 예수님 안에서 선한 행위를 하도록 우리를 구원하신 것입
니다.

그리고 우리의 약함을 잘 아시는 하나님께서는 우리가 선한 행위를
잘 할 수 있도록, 그 동기를 유발하기 위해 우리에게 보상을 약속하셨습

니다.

7. 그리스도의 심판석

고린도전서 3장 10-15절을 보겠습니다.

> "내게 주어진 하나님의 은혜에 따라 내가 지혜로운 주건축자로서 기
> 초를 놓았고 다른 사람이 그 위에 세우되 저마다 어떻게 그 위에 세
> 울지 주의할지니라. 아무도 이미 놓은 기초 외에 능히 다른 기초를
> 놓을 수 없나니 이 기초는 곧 예수 그리스도시니라. 그런데 만일 어
> 떤 사람이 이 기초 위에 금이나 은이나 보석이나 나무나 건초나 짚
> 을 세우면 각 사람의 일이 드러나리라. 그 날이 그것을 밝히 드러내
> 리니 이는 그것이 불에 의해 드러나고 그 불이 각 사람의 일이 어떤
> 종류인지 그것을 시험할 것이기 때문이라. 어떤 사람이 그 기초 위
> 에 세운 일이 남아 있으면 그는 보상을 받고 어떤 사람의 일이 불타
> 면 그는 보상의 손실을 당하리라. 그러나 그 자신은 구원을 받되 불
> 에 의해 받는 것 같이 받으리라."

그리스도인의 삶의 기초가 되시는 예수 그리스도를 위해 어떠한 삶을 살았느냐에 따라 그 보상이 다르게 됩니다. 성도의 삶이 금인지 은인지 보석인지 나무인지 건초인지 짚인지는 그리스도의 심판석에서 결정되는 것입니다.

고린도후서 5장 10절입니다.

> "우리가 반드시 다 그리스도의 심판석 앞에 나타나리니 이로써 각
> 사람이 좋은 것이든 나쁜 것이든 자기가 행한 것에 따라 자기 몸 안
> 에 이루어진 것들을 받으리라."

교회 시대에 구원받은 성도들은 예수님의 지상 재림에 앞서 공중으
로 들려진 후 어린양의 혼인 만찬에 들어가기 전에 그리스도의 심판석
에서 심판을 받게 됩니다. 이 때 보상으로 다섯 가지 관(crown, 왕관, 면류
관)을 받을 수 있습니다.

8. 다섯 가지 관(crown, 왕관, 면류관)

첫째, 의의 왕관입니다. 디모데후서 4장 8절을 보겠습니다.

> "이후로는 나를 위하여 의의 관(冠)이 예비되어 있나니 주 곧 의로우
> 신 심판자께서 그 날에 그것을 내게 주실 것이요, 내게만 아니라 그
> 분의 나타나심을 사랑하는 모든 자들에게도 주시리라.

이것은 주님의 나타나심을 사모하기만 하면 받을 수 있는 크라운으
로서 주님께서 나타나시는 날에 그분께서 주실 것입니다.

둘째, 썩지 않을 왕관입니다. 고린도전서 9장 25절을 보겠습니다.

> "이기려고 애쓰는 자마다 모든 일에서 절제하나니 이제 그들은 썩을 관을 얻고자 그 일을 하되 우리는 썩지 아니할 관을 얻고자 하느니라."

이것은 승리자의 크라운으로서 자기 몸을 억제하여 복종시킨 자들 곧 육신의 정욕에 굴복하지 않은 자들이 받을 것입니다.

셋째, 생명의 왕관입니다. 야고보서 1장 12절과 요한계시록 2장 10절을 보겠습니다.

> "시험을 견디는 자는 복이 있나니 그가 단련을 받은 뒤에 주께서 자신을 사랑하는 자들에게 약속하신 생명의 관(冠)을 받으리라."(약1:12)

> "네가 장차 당할 그것들 중의 어떤 것도 두려워하지 말라. 보라, 마귀가 너희 중에서 몇 사람을 감옥에 던져 넣어 너희를 시험하리니 너희가 열흘 동안 환난을 당하리라. 너는 죽기까지 신실하라. 그리하면 내가 생명의 관을 네게 주리라."(계2:10)

이것은 순교자들이 받을 크라운입니다.

넷째, 영광의 왕관입니다. 베드로전서 5장 2-4절을 보겠습니다.

> "너희 가운데 있는 하나님의 양 떼를 먹이고 감독하되 억지로 하지 말고 자진해서 하며 더러운 이익을 위해 하지 말고 오직 준비된 마음으로 하며 하나님의 상속 백성 위에 주인처럼 군림하지 말고 오직 양 떼에게 본이 되라. 그리하면 목자장께서 나타나실 때에 너희가 사라지지 아니하는 영광의 관을 받으리라."

이것은 목자장이신 예수님께서 나타나실 때 말씀의 꼴을 잘 먹인 장로나 목양자들에게 주실 크라운입니다.

다섯째, 환희의 왕관입니다. 데살로니가전서 2장 19,20절과 빌립보서 4장 1절을 보겠습니다.

> "우리의 소망이나 기쁨이나 환희의 관(冠)이 무엇이냐? 우리 주 예수 그리스도께서 오실 때에 그분 앞에 있을 바로 너희가 아니냐? 너희는 우리의 영광이요 기쁨이니라."(살전2:19, 20)

> "그러므로 극진히 사랑하고 사모하는 나의 형제들 곧 나의 기쁨이요 왕관인 나의 극진히 사랑하는 자들아, 이와 같이 주 안에서 굳게 서라."(빌4:1)

이것은 영혼을 구원하는 자가 받게 될 크라운입니다.

9. 마무리

이제 말씀을 정리하도록 하겠습니다. 여러분은 지금 소개해드린 세 부류의 사람들 중 어디에 속해 있으신지요?

첫 번째로 여러분은 본성에 속한 사람이신가요? 그렇다면 영원히 지옥에 갈 수밖에 없는 죄인임을 고백하고 회개하여 속히 예수님을 구원자와 주님으로 영접하시기 바랍니다.

하나님께서는 "누구든지 주의 이름을 부르는 자는 구원을 받으리라."(롬10:13)고 약속하셨습니다. '누구든지' 에는 여러분도 다 포함이 됩니다. 여러분의 죄가 얼마나 크고 많든지 상관이 없습니다. 예수님의 십자가 보혈로 다 깨끗이 씻어질 수 있습니다. 주님의 그 보배로운 피로 제거될 수 없는 죄란 없습니다.

오늘 이 시간 예수님을 여러분 개인의 인격적인 구주로 마음에 모셔 들이셔서 영생의 복을 얻게 되시기를 진심으로 바랍니다.

두 번째로 혹시 여러분은 육에 속한 사람이신가요? 구원은 받았지만 영적으로 자라나고 있지 못한 육신적인 그리스도인이신가요? 그렇다면 그리스도의 심판석을 기억하시기 바랍니다.

이 상태로 머무르게 된다면 보상의 손실을 당하게 된다는 사실과 불에 의해 받는 것 같은 구원을 받게 된다는 사실을 직시하고 영적인 그리스도인으로 자라나도록 힘쓰시길 바랍니다.

마지막으로 혹시 여러분은 영에 속한 사람이신가요? 그렇다면 빌3:13,14에 나온 사도 바울의 고백과 비전이 바로 여러분의 고백과 비전이 되기를 바랍니다.

다 함께 한 목소리로 빌3:13,14을 읽고 마치도록 하겠습니다.

> "형제들아, 나는 내가 이미 붙잡은 줄로 여기지 아니하고 다만 이한 가지 일을 행하나니 곧 뒤에 있는 그것들은 잊어버리고 앞에 있는 그것들에 도달하려고 나아가 그리스도 예수님 안에서 하나님의 높은 부르심의 상을 받으려고 푯대를 향해 밀고 나아가노라."

2

왜 창조인가?

▌ 창1:1 _ "처음에 하나님께서 하늘과 땅을 창조하시니라."

1. 들머리

먼저 질문 하나를 드리고자 합니다.

성경 말씀 중에서 가장 중요한 구절이 무엇이라고 생각하시나요? 창세기 1장 1절부터 요한계시록 22장 21절까지 총 31,173 구절 가운데 가장 중요한 구절이 무엇입니까?

> "하나님께서 세상을 이처럼 사랑하사 자신의 독생자를 주셨으니 이
> 것은 누구든지 그를 믿는 자는 멸망하지 않고 영존하는 생명을 얻게
> 하려 하심이라."(요3:16)

요한복음 3장 16절도 답이 될 수가 있겠지요. 그러나 저는 최근의 한 사건을 보면서 창세기 1장 1절이 이 시대에 가장 중요한 구절이라는 생각을 또 다시 하게 되었습니다.

여러분도 잘 알다시피 P 중소벤처기업부 장관 후보자가 지난달 15일 자진 사퇴하였는데요, 그간 언론 보도와 국회청문회 과정에서 나타난 모습 중 우리 그리스도인들의 마음을 정말 아프게 한 것이 P 후보자의 창조 신앙에 대한 발언이었습니다.

P 후보자는 창조과학회 활동 논란이 일자 창조과학회 이사직을 사임한 후 "공학도로서 과학적 방법론에 입각한 진화론도 당연히 존중한다."고 말했고, 또 국회청문회 중 "창조과학이 지구의 나이를 6,000년이라 말하는 것에 동의하는가?"라는 질문에는 "신앙적으로 믿고 있다."고는 하였지만 "동의하지 않는다."라고 말하기도 하였지요.

물론 한겨레신문, 한국일보, JTBC 등의 여러 언론에서 '어떻게 공룡과 인간이 함께 살았다고 주장하는 이런 사람을 장관 후보로 내세울 수 있느냐'며 P 후보의 창조신앙을 거세게 공격하니까 엉겁결에 나온 해명성 발언이었음을 감안하더라도 성경신자들에게는 정말 실망스러운 답변이었다고 생각합니다.

자, 그러면 만약 여러분에게 P 후보자와 같이 전국민을 상대로 창조

신앙에 대한 입장을 발표할 기회가 주어졌을 때 여러분은 어떠한 말을 하시겠습니까? 아니면 사적인 자리에서 친구나 직장 동료 또는 이제 곧 추석에 만나게 될 비그리스도인 친척들과 창조에 대한 얘기를 나누게 될 때 여러분은 어떻게 의견을 피력하시겠습니까?

그래서 오늘 "왜 창조인가?"라는 제목으로 여러분들과 함께 5가지 질문에 대한 답을 생각해보며 창조주 하나님께로부터 오는 지혜와 명절을 얻고자 합니다.

2. 과학의 정의

첫 번째 질문입니다.

과학(science)의 정의가 어떻게 됩니까?

많은 사람들이 "과학 = 진리" 곧 과학을 진리와 같은 의미로 여기고 있는데요, 과학이라고 하려면 먼저 관찰에 의한 이론을 정립하고 나서 이에 따른 실험 및 재현을 통해 입증해야 합니다.

다시 말해서 첫째로 '관찰'(observation)이 되어야 하고, 둘째로 '실험'(test or experiment)해 볼 수 있어야 하며, 셋째로 '재현'(reproducibility)이 되어야 과학이라 할 수 있는 것이지요.

그런데 진화론은 이러한 과학적 방법론을 결코 만족시키지 못하고 있습니다. 진화는 관찰이 되지도 않고 실험할 수도 없으며 재현되지도 않습니다. 즉 과학이 아닙니다.

"잠깐만요, 그 많은 화석의 증거는 어떠하고요?"라는 분이 계실 수도 있겠지요.

1859년 다윈이 '종의 기원'이라는 책을 통해 진화론을 발표한 후 150여 년 동안 1억 개 이상의 화석이 발견되어 (25만종의 다른 생물로) 전 세계 수천의 박물관에 보관되어 있지만 진화의 증거를 보여주는 화석은 하나도 발견되지 않았습니다.

특히 진화도중의 전이(중간)형태의 생물화석이 발견된 적이 없었지요. 종 사이를 이어주는 연결고리가 하나도 발견이 되지 않았습니다. 이걸 영어로 무어라 하지요? Missing link! 그렇습니다. 연결고리를 잃어버렸다는 것입니다.

그러다보니 진화론자들이 고육지책으로 단속 평형이론(斷續平衡理論, punctuated equilibrium, punctualism)을 만들어내기 시작하였습니다.

즉 생물 종의 진화 양상은 두 가지로 이뤄지는데 첫째는 대부분의 기간 동안 큰 변화가 없는 '안정기'와 둘째는 비교적 짧은 시간에 급속한 종분화가 이루어지는 '분화기', 이 둘로 나뉜다는 진화 이론이 등장하게 된 것입니다.

여러분들은 펑크 또는 빵꾸가 무엇을 뜻하는지 잘 아실 것입니다. 단속 평형이론(斷續平衡理論)은 영어로 punctuated equilibrium 또는 punctualism인데 이는 진화에 펑크/빵꾸가 났다는 것입니다.

상식적으로 생각해보면 중간 형태의 생물이 없이 다른 종이 출현한다고 하는 진화론자들의 고백은 '하나님께서 종류대로 생물을 만드셨다' 는 성경의 창조 기사를 인용한 것에 다름이 아닙니다.

창세기 1장 25절을 보시겠습니다.

> "하나님께서 땅의 짐승을 그것의 종류대로, 가축을 그것들의 종류대로, 땅에서 기는 모든 것을 그것의 종류대로 만드시니라. 하나님께서 보시기에 좋았더라."(창1:25)

3. 연대측정

두 번째 질문입니다.
지구의 나이가 얼마나 되었다고 생각하십니까?

보통 46억년이라 말하고 있지만 사실은 6,000년입니다.

"잠깐만요, 연대측정법으로 46억년이라고 밝혀졌는데 무슨 말입니까?"라는 분이 계실지도 모르겠습니다.

동위원소가 붕괴돼 그 양이 절반이 될 때까지의 시간을 '반감기' 라 부르는데요, 이것은 항상 일정하다고 알려져 있습니다. 일례로 우라늄

238(^{238}U)의 반감기는 44억년을 넘습니다. 그래서 암석 내에 들어 있는 방사성 동위원소들의 양과 비율을 측정하면 그 암석이 형성된 시기를 알 수 있다는 것이 연대측정법입니다.

연대를 측정하는 방법은 여러 가지가 있습니다. 그 중 지구의 나이를 측정하기 위해 보통 우라늄과 납의 비율로 계산을 합니다.

그런데 여기에는 (일반인들이 잘 모르는) 세 가지의 특별한 가정이 전제가 됩니다.

첫 번째 가정은 처음에 방사성 물질은 중간 혹은 마지막의 붕괴물질(자원소)을 포함하지 않는 상태로 있었다는 것입니다. 즉 우라늄과 납의 경우, 암석의 처음에 모원소 우라늄만 있었고 (모원소 우라늄으로부터 유래될 수 있는) 자원소인 납은 하나도 없었다고 가정하는 것이죠.

그러나 실제로 하와이에서 168년 전에 화산 폭발로 생긴 한 암석의 연대를 측정해 보니 29억6천만 년으로 추산되어 무려 1,760만 배의 차이가 있었습니다. 이 결과에서 보듯 암석에는 처음에 모원소만 있었고 자원소가 하나도 없었다는 가정은 만화 같은 이야기입니다. 암석의 처음 상태는 아무도 알 수가 없고 오직 하나님만 아실 수 있는 것입니다.

그런데도 진화론자들이 이러한 비과학적인 가정을 하는 이유는 진화론의 요술방망이인 긴 시간을 얻고자 하기 때문입니다. 왜냐하면 시간이 길어질수록 아마 그럴 수도 있지 않았을까 하는 생각이 들게 만들 수 있기 때문입니다. 그러나 영(zero)에다 무한대를 곱한다 하여도 그 결과는 역시 영(zero)인 것입니다.

두 번째 가정은 방사성 동위원소의 붕괴가 아무것도 뺄 수도 더할 수도 없는 닫힌 계(closed system)에서 발생하였다는 것입니다. 대홍수 시 격렬한 지각운동 등으로 인해 유출과 유입이 될 수 있었을 텐데요, 노아의 홍수는 차지하고서라도 진화론자들이 주장하는 그 긴 시간동안 이러한 일이 전혀 발생하지 않았다는 것은 정말 대단한 믿음을 요하는 것입니다. 그래서 진화론은 믿음의 영역 곧 종교 그 자체인 것입니다.

세 번째 가정은 방사성 동위원소의 붕괴율은 전 시대를 걸쳐서 항상 일정했다는 것인데요, 최근의 논문들에서는 방사성 동위원소의 붕괴가 여러 조건에 따라 달라질 수 있다는 주장들도 나오고 있습니다. 특히 대홍수로 인한 격변을 고려하면 방사성 동위원소의 붕괴율은 시대에 따라 큰 차이가 있었을 것입니다.

따라서 이와 같이 비과학적인 세 가지 가정을 전제로 한 연대측정법은 결코 과학적인 방법론이 아니라 과학이란 이름으로 포장된 판타지에 불과한 것입니다.

디모데전서 6장 20절을 보시겠습니다.

"오 디모데야, 속되고 헛된 말장난과 또 거짓으로 과학이라 불리는 것의 반론들을 피하며 네게 맡긴 것들을 지키라."(딤전6:20)

4. 과학적 모순

세 번째 질문입니다.

자연현상을 물리학적으로 설명할 때 어떤 경우는 법칙(law)이라 하고 또 어떤 경우는 이론(theory)이라고 하는데 이 둘의 차이는 무엇인가요?

여러분이 잘 아시는 에너지보존의 법칙을 에너지보존의 이론이라 하지 않지요. 또 아인슈타인의 일반상대성 이론을 일반상대성 법칙이라고 하지도 않습니다. 법칙과 이론 그 차이가 무엇일까요?

자연현상에 대해 (추리하고 실험해서) 알아낸 사실 중 적어도 수학적, 물리학적으로 완벽하다고 생각되는 것을 '법칙' 이라고 합니다.

예를 들어 뉴턴의 운동법칙(관성의 법칙, 가속도의 법칙, 작용-반작용의 법칙)이 있습니다. 또 열역학 법칙이 있는데요, 에너지가 보존된다는 열역학 제1법칙과 무질서도(entropy)가 증가하는 열역학 제2법칙이 있습니다.

법칙은 범우주적으로 작용하는 자연의 기본 원리입니다. 우주 반대편에서도 이 법칙들은 동일하게 작용할 것이라는 얘기입니다.

반면에, '이론' 은 '어떠한 가정을 두고' 자연현상을 설명하기 위해 수학적인 방법을 통해 만들어낸 구조입니다.

그렇다면 이미 과학적으로 완벽하게 입증된 법칙과 모순되는 이론도 과학이라 할 수 있나요? 결코 그럴 수 없습니다.

그런데 빅뱅 이론은 어떻습니까? 지금부터 160억 내지 200억 년 전 탁구공보다 작은 것으로부터 폭발하면서 우주가 생겼다고 하는 이 빅뱅 이론은 엔트로피(무질서도)가 증가하는 열역학 제2법칙과 모순이 됩니다. 따라서 빅뱅 이론은 과학이라 할 수 없습니다.

"잠깐만요, 빅뱅으로 인해 우주가 탄생하였다는 증거가 발견되고 있는 데요?"라는 분이 계실지도 모르겠습니다.

빅뱅이라고 하지만 우주가 초기에 대폭발을 하는 것이 직접 관찰이 되지는 않았습니다. 물론 관찰할 수도 없지요. 단지 1920년경부터 우주가 조금씩 팽창하는 것(적색편이, redshifts)이 관측이 되었고 이를 설명하기 위해 빅뱅 이론이 1931년에 생겨났을 뿐인데요, 우주의 팽창이 빅뱅의 직접적인 증거는 될 수가 없는 것입니다.

자 모든 선입견과 사전 지식을 다 내려놓고 한번 상식적으로 생각해 봅시다. 폭발을 하면 질서가 있게 됩니까, 없게 됩니까? 네, 질서가 깨집니다. 대신 무질서도가 증가하게 됩니다. 다 동의하시죠?

그런데 무질서한 가스에서 질서정연한 별들이 생기고, 무질서한 원시스프에서 질서 있는 정교한 생명체가 생기는 것이 가능할 수 있나요?

여러분들이 거주하고 있는 건물이나 타고 다니는 자동차, 입고 있는 의복 등 어떤 물체도 시간이 지나면 다 낡아지며 무질서해 지는 것이 우리가 직접 경험하고 있는 진실이지 않습니까?

따라서 열역학 제2법칙을 거스르는 빅뱅 이론은 결코 과학이 아닙니다.

시편 102편 25절에서 27절까지 읽도록 하겠습니다.
열역학 제2법칙에 대해 언급된 많은 성경구절들 가운데 하나입니다.

> "주께서 옛적에 땅의 기초를 놓으셨사오며 하늘들은 주의 손이 이루신 작품이니이다. 그것들은 (땅, 하늘, 만물들은) 사라지려니와 오직 주께서는 지속하시겠고 참으로 그것들은 (땅, 하늘, 만물들은) 다 옷같이 낡아지리니 주께서 의복같이 그것들을 바꾸시면 그것들이 바뀌려니와 주께서는 동일하시고 주의 햇수는 끝이 없으리이다."(시102:25-27)

5. 공룡

네 번째 질문입니다.

공룡은 언제 멸종되었습니까?

공룡은 주로 중생대 쥐라기와 백악기에서 2억년 가까이 살다가 약 6,600만 년 전 멸종되었다고 알려져 있지요. 그러나 공룡은 완전히 멸종되지 않고 인간과 함께 살았습니다.

"잠깐만요, 공룡이 인간과 함께 살았다면 증거가 있어야 하지 않나요?"라고 하실 분이 계실지도 모르겠습니다.

네, 맞습니다. 그런데 공룡이 인간과 함께 살아온 너무나 많은 증거들이 있습니다.

우선 상식적인 이야기부터 하도록 하겠습니다. 여러분들 모두 띠가 있으시죠? 허리띠 말고, 나이에 따른, 동물로 표현되는 띠가 다 있지요. 자(子), 축(丑), 인(寅), 묘(卯), 진(辰), 사(巳), 오(午), 미(未), 신(申), 유(酉), 술(戌), 해(亥) 곧 용(辰)을 포함한 12 가지 동물로 표현되는 십이지간(十二支干)을 우리는 잘 알고 있는데요, 십이지간의 기원은 중국 하왕조까지 거슬러 올라간다고 알려져 있습니다.

그런데 누가 동물들을 십이지에 최초로 결합시켰는지 알 수 없지만 한 가지 주목해야 하는 점은 중국 사람이 당대에 이 12가지 동물들을 직접 볼 수 있었기에 십이지간이 만들어질 수 있었다는 사실입니다. 즉 오늘날 '상상의 동물' 이라 여겨지는 용(dragon)이 당대에 살지 않았더라면 십이지간에 포함될 수 없었을 것입니다.

중국에 용에 대한 기록은 엄청나게 많이 있습니다. 그 중 유네스코에 세계 기록 유산으로 기재된 이시진(李時珍)의 '본초강목'(本草綱目)에 용으로 약재를 만드는 법이 세세하게 기술되어 있습니다.

또 우리에게 '동방견문록'(東方見聞錄)으로 잘 알려져 있는 '마르코 폴로'(Marco Polo)도 용에 대한 기록을 여러 곳에 남겼습니다. 특히 마르코 폴로는 중국에서 17년을 사는 동안 황제가 자신의 마차를 끌도록 용을 키우고 1611년에는 황실 용 사육사를 선임했으며, 중국 사람들은 용을 키워서 그 피를 약제로 쓰고 그 알은 굉장히 귀하게 여겨진다고 기록하였습니다.

성경에도 용이 많이 등장합니다. 시간관계상 오늘은 욥기 40장만을 잠시 살펴보겠습니다. 욥기 40장 15절부터 18절까지 먼저 읽겠습니다.

> "이제 내가 너를 만들 때에 함께 만든 베헤못을 보라. 그가 소처럼 풀을 먹느니라. 이제 보라, 그의 기력은 그의 허리에 있고 그의 힘은 그의 배의 배꼽에 있느니라. 그가 자기 꼬리를 백향목 같이 움직이며 그의 고환의 힘줄은 서로 얽혀 있고 그의 뼈들은 강한 놋 덩이 같으며 그의 뼈들은 쇠막대기 같으니라."

많은 사람들이 이 베헤못을 개역성경의 영향을 받아 하마나 코끼리라고 생각하지만, (17절) 꼬리가 백향목 같다는 표현으로 보아 꼬리가 밧줄처럼 아주 얇은 하마나 코끼리는 결코 베헤못이 될 수가 없습니다. 백향목이라는 나무는 레바논의 국기에도 그려질 정도로 웅장함을 자랑하는 커다란 나무입니다. 그래서 많은 그리스도인들은 이 동물이 공룡 특히 아파토사우르스(Apatosaurus)나 브라키오사우르스(Brachiosaurus) 같은 거대한 초식 공룡을 지칭한다고 생각합니다.

계속해서 욥기 40장 19절부터 24절까지 읽도록 하겠습니다.

> "그는 하나님의 길들 중에서 으뜸이거니와 그를 만든 이가 자신의 칼을 그에게 가까이 댈 수 있느니라. 들의 모든 짐승이 노는 산들은 확실히 그를 위하여 먹이를 내느니라. 그가 그늘진 나무 아래와 갈대밭의 숨는 곳과 늪 속에 누워 있나니 그늘진 나무들은 자기들의 그늘로 그를 덮고 시내의 버드나무들도 그를 감싸는도다. 보라, 그가 강을 마시되 서두르지 아니하나니 그는 자기가 요르단을 자기 입

으로 빨아들일 수 있다고 믿느니라. 그가 자기 눈으로 그것을 취하며 그의 코는 올가미들을 꿰뚫는도다."

(19절) 하나님의 길들 중에서 으뜸이라고 하였는데 하마나 코끼리가 하나님이 만드신 짐승 중 으뜸인 짐승일 수가 없습니다. 바로 공룡이 모든 동물 중 가장 으뜸이지요. (21절) 공룡의 처소에 대해 언급하고 있습니다. 특별히 늪 속에 누워있다고 하였습니다. 최근 들어서도 공룡이 목격이 되고 있는데요, 대개 늪 지역에서의 목격담이 많습니다.

예를 들어 43년간 콩고에서 선교하였던 유진 토마스(Eugene Thomas) 선교사 증언에 의하면 콩고에서 공룡을 죽였다는 피그미들의 얘기를 직접 들었다고 합니다(1959년). 콩고에는 리코우알라(Likouala)라는 커다란 늪 지역이 있는데 그 크기가 무려 55,000 평방마일로서 우리나라 면적의 1.5배 가까이 되는 크기입니다. 물론 그 지역의 80%는 인간의 발길이 닿지 않은 원시 상태입니다. 저는 지금도 이 리코우알라 지역에 적지 않은 공룡들이 살고 있다고 생각합니다.

최근에 발표되고 있는 과학 논문들에 의하면 공룡 뼈에서 연부조직, 적혈구, 뼈세포, 단백질, 심지어 방사성탄소(C-14) 등이 지속적으로 발견되고 있습니다. 적어도 7천만 년 이전에 죽었다고 하는 공룡에서 이러한 생생한 조직들이 21세기에 발견이 되고 있는 사실로써 우리들은 진화론적 시간 틀에서 주장되는 장구한 시간이 허구임을 잘 알 수가 있게 됩니다.

그래서 공룡에 대해서 자세히 공부해보면 볼수록 역설적으로 공룡이 지구의 나이가 6,000년이라고 하는 성경적 주장을 뒷받침하는 아주 강력한 증거가 됨을 알 수 있습니다.

6. 광년

마지막, 다섯 번째 질문입니다.

우주의 나이는 얼마나 되었다고 생각하십니까?

우주의 나이도 지구의 나이와 같이 6,000년입니다.

"잠깐만요, 그렇다면 어떻게 우리는 수십억 광년 밖의 별을 볼 수가 있나요? 지구의 나이는 6,000년이라고 해도 우주의 나이는 적어도 수십억년이라고 해야 되는 것이 아닙니까?"라는 분이 계실지도 모르겠습니다.

자 그럼 우주 멀리서 오는 별빛이 어떻게 6,000년 동안 이루어질 수 있는지 말씀 드리도록 하겠습니다.

먼저 아셔야 할 네 가지 전제사항이 있습니다.

첫째로, 100광년이상은 정확히 측정할 수 없다는 사실입니다. 왜냐하면 별간의 거리 측정은 삼각함수를 이용하는데요, 지구의 공전 궤도를 삼각형의 한 변으로 놓고 별과의 거리를 측정하는데 지구 공전궤도의 지름이 측정하려는 별과의 거리에 비해 상대적으로 매우 매우 짧은 거리이기 때문에 수백만 광년 운운하는 것은 상상의 산물일 수밖에 없다고 하는 사실입니다.

둘째로, 빛의 정체에 대해 아직도 정확히 알 수 없다는 사실입니다. 우리가 파동, 입자, 광자, 양자 등의 용어에는 친숙하지만 솔직히 빛의 정체에 대해서 잘 모르고 있습니다. 아울러 빛이 모든 시간과 공간 속에서 항상 같은 속도로 움직여 왔는지도 분명히 모릅니다.

셋째로, 창조는 하나님께서 만드셨을 때 바로 끝이 났다고 하는 사실입니다.

넷째로, (노파심에서 말씀 드리지만) 광년은 거리이지 시간이 아닙니다.

자 이제 성경을 보도록 하겠습니다. 이사야 40장 22절입니다.

> "땅의 원 위에 앉으신 이가 바로 그분이시니 땅에 거하는 자들은 메뚜기 같으니라. 그분께서 하늘들을 휘장같이 펼치시며 그것들을 거주할 장막같이 펴시고"

(기원전 700년경에 쓰인 이사야서에서 땅의 원(the circle of the earth)이란 표현이 등장합니다. 당시 전세계 사람들은 지구가 평평하다고 알고 있었는데 성경은 지구가 둥글다는 사실을 이처럼 오래 전부터 우리에게 알려주고 있습니다.)

하반절에 보면 하나님께서는 하늘들을 휘장같이 펼치시며 장막(tent) 같이 펴신다고 하였습니다. 그렇습니다. 성경은 10번 이상이나 "하나님께서 하늘들을 펼치신다"(stretch out)고 말씀합니다. (욥9:8; 시104:2; 사40:22;

42:5; 44:24; 45:12; 48:13; 51:13; 렘10:12; 51:15; 슥12:1)

그래서 우리는 생각을 바꾸어야 합니다. 빛이 어떻게 별에서 지구로 도달했는가가 아니라 '별이 어떻게 여기서 거기로 갔는가'로 이해를 해야 합니다.

하나님께서는 지구를 먼저 만드셨습니다. 그리고 별들은 여기로부터 펼쳐나갔습니다. 별들이 자기 자리로 펼쳐져 나갈 때 빛의 잔재를 남기게 되는데 이것이 바로 (빅뱅이론에서 이야기하는) 적색편이(redshifts)인 것입니다.

우리는 이것을 아인슈타인의 상대성 이론에 따라 생각해볼 수도 있습니다. 시간은 중력이나 속도 등의 관측 조건에 따라 달라집니다. ('인터스텔라' 영화를 보신 분들은 더 잘 이해하실 수 있겠지요.) 에베레스트 산의 정상이나 GPS 위성, 우주정거장 같이 고도가 높은 곳에서는 지상에서보다 시간이 빠르게 흐르는 것은 잘 알려진 사실입니다. 이것을 '중력 시간 지연 효과'(gravitational time dilation)라 하지요.

하나님께서 별을 창조하신 것은 넷째 날입니다. 그 창조 4일째에 지구의 시계가 우주나 은하의 시계에 비해 아주 느리게 흐르고 있었다면 우주에서 빛이 지구로 오기에 충분한 시간이 있었을 것입니다. 그래서 창조 6일째 아담이 눈을 떴을 때는 빛이 이미 지구에 다다르고 있었고 아담이 볼 수 있었을 것입니다.

그래서 오늘 우리가 보고 있는 별빛은 창조 4일째 하나님께서 만드신 별에서 오는 빛이라는 사실을 인식하고 우리 사고의 근본을 우주의 역사를 정확히 기록한 성경에 두어야 할 것입니다.

잠언 3장 5,6절을 보시겠습니다.

> "네 마음을 다하여 주를 신뢰하고 네 자신의 명철을 의지하지 말지어다. 네 모든 길에서 그분을 인정하라. 그리하면 그분께서 네 행로들을 지도하시리라."

7. 마무리

이제 말씀을 정리하고자 합니다.

첫째, 다윈의 진화론은 과학이 아닙니다. 하나님께서 종류대로 생물을 만드셨습니다.

둘째, 연대측정법은 과학이란 이름으로 포장된 판타지에 불과한 것입니다.

셋째, 열역학 제2법칙을 거스르는 빅뱅 이론은 결코 과학이 아닙니다.

넷째, 공룡은 지구의 나이가 6,000년이라고 하는 성경적 주장을 뒷받침해줍니다.

다섯째, 우주의 나이도 지구의 나이와 같이 6,000년입니다.

전도서 12장 1절 한 구절을 읽고 마치도록 하겠습니다.

"이제 네 젊은 시절에 네 창조자를 기억하라. 곧 재난의 날들이 이르기 전에 혹은 네가 말하기를, 내가 이 해들을 기뻐하지 아니하노라, 하는 그런 해들이 가까이 이르기 전에"

선교(宣教)와 전도(傳道) 그 허(虛)와 실(實)

> 딤전2:3,4 _ "이것은 하나님 곧 우리의 구원자의 눈앞에서 선하고 받으실 만한 것이니라. 그분은 모든 사람이 구원을 받고 진리를 아는 데 이르기를 원하시느니라."

1. 들머리

먼저 오늘 이렇게 '한마음선교센터'에서 여러 형제, 자매님들과 함께 하나님의 말씀을 나눌 수 있도록 인도하여 주신 하나님께 진심으로 감사를 드립니다. 아울러 저를 설교자로 초청해주신 K 교수님과 모든 성도님들께도 이 시간 감사의 마음을 전합니다.

지난 주 설교 요청을 받고 무엇을 주제로 설교를 할까 짧은 시간 적지 않게 고민을 하다가 여러분들이 많이 들어보셨을 교리적 설교나 소위 목양적 설교보다는 이 '한마음선교센터'의 취지에 좀 더 부합될 수 있으리라 생각되는 실천신학적 설교를 하는 것이 좋겠다는 생각이 들어 "선교와 전도, 그 허와 실"이란 제목의 말씀을 준비하였습니다.

선교와 전도, 많이 들어보셨지요? 이 말은 크리스천들에게서, 특별히 마28:18-20; 막16:15; 눅24:44-49; 요20:21-23; 행1:8 등을 늘 묵상하며 복음전파의 열정이 가득한 크리스천들에게 가장 많이 회자되는 말이라고 하는 데에는 아무도 이의가 없을 줄 압니다.

그런데 여기서 잠깐 질문을 드리겠습니다. 선교와 전도라 하였는데 선교는 무엇이고 전도는 또 무엇입니까? N 형제님, 선교와 전도 같은 것입니까? 다른 것입니까? 그 정의가 어떻게 되지요? J 형제님의 생각은 어떻습니까?

네, 우선 전도란 말 뜻 그대로 도(道)를 전하는 것이지요. "도를 아십니까?"하며 접근하는 사람들이 전하는 도가 아니라 길이요, 진리요, 생명이신 예수 그리스도 즉 참된 길, 참된 도(道)이신 예수님을 올바로 소개하는 것이 전도입니다. 쉽게 말해서 '예수천당 불신지옥'을 전하는 것이 전도입니다.

그러면 선교는 전도와 무엇이 다른 것인가요? 초대교회에서 말하는 선교는 전도와 동일한 개념이었습니다. 그러나 오늘날 선교란 그 실체를 파악하기 어려운 포괄적이며 애매한 용어가 되어버렸습니다.

특히 1948년 WCC 세계교회협의회가 창립된 이후 '사회구원'(social gospel)의 선교신학이 본격적으로 확산되면서 선교의 개념에 혼란이 오기 시작하였습니다. 그리하여 심지어는 '교회가 하는 것은 모두 다 선교다.' 하는 주장까지 나오고 있는 실정입니다.

정말 다양한 선교론들이 제시되고 있고 또 이들이 다 자기들 나름대로 성경에 근거를 둔다고 주장하기 때문에 우리는 더욱 영적인 분별력을 갖고 선교를 정의하며 또한 실천해야 하는 상황에 놓여 있습니다.

그런데 '선교'라는 말은 성경에는 없는 용어입니다. 물론 KJV에도 없습니다. 영어로 선교를 무엇이라고 하지요? 네, mission입니다. 또 선교사는? 네, missionary입니다. 이 낱말들은 라틴어 동사 mitteer(보내다. 파견하다)라는 단어를 어원으로 하고 있습니다.

그래서 일반적으로 미션이라고 할 때는 '특별한 임무를 부여받고 파송되는 것'을 뜻하며, 기독교에 적용이 될 때는 구원의 복음을 전파하기 위해 보냄을 받는 것이라 정의되는 것이지요. 즉 고전적인 선교의 정의는 '다른 문화권 사람들에게 가서 복음을 전하는 것'을 의미합니다.

아울러 최근의 선교신학적 관점으로 선교를 정의할 수 있는데 "M = E + S"입니다. 즉 "Mission = Evangelism + Service"입니다. 선교는 Evangelism 복음전파, 곧 전도 외에 Service가 추가되는 개념입니다.

여기서 Service는 사회활동 내지 봉사활동 등으로 번역될 수 있지만 오히려 우리말로 번역하지 않고 그냥 서비스라 하는 것이 더 의미가 잘 전달이 되지 않을까 생각합니다.

그런데 이 Service에 대한 해석은 다양합니다. 즉 Service가 복음전파의 수단이다, 표현이다, 결과다, 동반자 역할이다 등 여러 가지 해석이 있지만, 저는 '전도의 수단'으로만 정의를 하는 것이 옳다고 생각합니다.

그래서 이 Service의 내용이 무엇이냐에 따라 여러 형태의 선교사역이 나오게 됩니다. 예를 들면 우리나라에 처음 들어온 선교사들이 했던 교육선교, 의료선교, 문서선교 등 잘 알려진 분야이외에도 농업, 이미용, 컴퓨터, 예술 등 다양한 방법을 통한 선교사역이 이뤄질 수 있는 것입니다.

전도와 선교! 리얼 크리스천이라면 당연히 해야 되는 것이지요. 그런데 적지 않은 분들이 전도와 선교를 (물론 저도 예전엔 그랬습니다만) 조금 낭만적으로 여기며 쉽게 생각하는 경향이 있는 것이 사실입니다.

자, 그러면 이제 우리가 그리스도인으로서 마땅히 해야 될 전도나 선교를 할 때 어떠한 문제들이 발생할 수 있는지 7가지 관점에서 살펴보겠습니다. 그리고 이어서 전도자가 누릴 수 있는 5가지 복(blessing)을 말씀드리겠습니다.

2. 전도나 선교 시 발생할 수 있는 문제들

그렇습니다. 복음은 복된 소식이지만 아이러니컬하게도 복음 전파는 항상 문제를 일으킬 소지가 있습니다.

1) 전도자나 전도대상자가 속한 공동체, 특히 가정 가운데 갈등을 유발하고 분쟁을 일으킬 수 있습니다.

> 눅12:51-53 _ "너희는 내가 땅에 화평을 주려고 온 줄로 생각하느냐? 내가 너희에게 이르노니, 아니라. 도리어 분열이니라. 이제부터 한 집에 다섯 사람이 있어 분쟁하되 셋이 둘과 하며 둘이 셋과 하리니 아버지가 아들과 아들이 아버지와 어머니가 딸과 딸이 어머니와 시어머니가 자기 며느리와 며느리가 자기 시어머니와 분쟁하리라, 하시니라."

예수님의 직접화법입니다. 예수님으로 인해 집안이 풍비박산(風飛雹散) 날 수 있다는 것입니다.

제가 출석하고 있는 인천국제침례교회가 창립된 지 2년이 조금 지났는데 그 동안 여러 명이 구원을 받고 저희 교회의 일원이 되었습니다. 그 중 석 달 전에 구원 받은 한 형제의 경우 구원받고 나서 누구보다도 더 하나님의 은혜에 감격했었지만 현재는 교회에 출석하지 않고 있습니다. 그 이유가 바로 불교 신자인 다른 가족들과의 갈등 때문입니다.

이슬람 지역에서는 어떻습니까? 잘 아시다시피 인격 살인이 일어날 수 있습니다. 이슬람 가정에서 크리스천이 되면 가문의 명예가 실추되었기 때문에 자기 가족에 의해 무참히 살해될 수 있습니다.

이와 반대로 전도와 선교를 열심히 하는 경우 그 가족에게도 갈등이 일어날 수 있습니다. 오지와 같은 열악한 환경에 있는 선교사 가정에만

문제가 생길 수 있는 것이 아닙니다.

저도 월간 「건강과 생명」을 통해 문서선교를 24년째 하고 있는데 이 사역으로 인해 가정적으로 힘들었던 적이 있었습니다. 물론 초창기에 선교비용을 주도적으로 마련하느라 아내와의 갈등이 좀 생기기도 하였지만 저희가 모시고 사는 부모님께서 제가 적극적으로 전도하는 것을 탐탁하지 않게 여기셔서 부모님의 눈치도 꽤 봐야 했습니다.

한번은 이랜드 그룹에서 발행하는 '일하는 제자들'이란 월간지에 발행인인 B 목사님이 천주교를 미화하는 글을 쓰셔서 제가 이에 대한 반박문을 기고하였었는데 이를 저의 부친께서 보셨습니다. 그리고는 얼굴이 새파랗게 질리셔서 '바티칸이랑 이렇게 공개적으로 싸우면 어떻게 하냐.'고 저를 엄청 나무라시기도 하셨습니다.

그렇습니다. 복음은 전하는 사람이나 받아들이는 사람 모두의 가정에 분쟁을 일으킬 수 있는 것입니다.

2) 전도와 선교에 열심인 이들한테 교만이 발생할 수 있습니다.

> 삼하24:10,15 _ "(10절) 다윗이 백성의 수를 센 뒤에 그의 마음이 그를 찌르므로 다윗이 주께 아뢰되, 내가 행한 일로 인해 크게 죄를 지었나이다. 오 주여, 이제 간청하옵나니 주의 종의 불법을 제거하여 주옵소서. 내가 심히 어리석게 행하였나이다, 하니라. (15절) 이에 주께서 그 아침부터 정하신 때까지 이스라엘 위에 역병을 보내시니 단에서부터 브엘세바에 이르기까지 백성 중에서 칠만 명이 죽으니라."

다윗이 연이은 전쟁에서의 승리로 한껏 기쁨에 도취되어 마음이 교만해졌습니다. 그래서 이스라엘 왕국이 얼마나 군사적으로 강대해져 있는지, 백성들에게 세금을 얼마나 거두어들일 수 있는지 확인하고자 백성의 수를 세본 것입니다. 그 결과 하나님께로부터 엄청난 심판을 받게 되었습니다.

성과가 없으면 카운트 해볼 수도 없겠지요. 전도를 열심히 하다보면 분명 많은 열매를 맺게 됩니다. 그러할 때 그 성과를 통해 교만해질 수 있는 것이 사실입니다.

제가 지금은 일주일에 한번 화요일 저녁에 제 연구실에서 성경공부를 인도하고 있지만 한 때는 일주일에 세 팀의 성경공부를 인도하기도 하였습니다. 사람이 많이 오다 보니 그 당시 전도의 열매가 많이 있었습니다.

어느 해 9월쯤인가 제가 그 해 1월부터 복음을 전해 예수님께로 인도한 사람들을 세어보니 수십 명이 되었습니다. 그 추세대로라면 12월 말까지 대단한 숫자가 나올 거라는 교만한 마음을 갖게 되었습니다. 그러나 그 날 이후 그 해 12월 31일까지 단 한 명도 전도를 하지 못했습니다.

그렇습니다. 잠언 16장 18절 말씀대로 교만은 패망의 선봉입니다. 열심 있는 전도자나 선교사들에게는 더욱 교만이 가까이 다가오는 법입니다.

3) 선교 동역자들 간의 의견 충돌로 사역이 갈라지거나 중단될 수 있습니다.

행15:36-41 _ "며칠 뒤에 바울이 바나바에게 이르되, 우리가 전에 주의 말씀을 선포한 모든 도시로 다시 가서 우리 형제들을 방문하고 그들이 어떻게 행하는지 알아보자, 하니 바나바는 마가라는 이름의 요한을 데리고 가고자 결심하였으나 바울은 밤빌리아에서 자기들을 떠나 자기들과 함께 일하러 가지 아니한 자를 데리고 가는 것이 좋지 않다고 생각하니라. 그들 사이에 다툼이 격렬하여 그들이 서로 갈라져 떠나니 이처럼 바나바는 마가를 데리고 배 타고 키프로스로 가고 형제들이 바울을 하나님의 은혜에 맡기매 그는 실라를 택한 뒤에 떠나서 시리아와 길리기아를 지나가며 교회들을 굳건하게 하니라."

바울과 바나바는 위대한 사도였지만 마가를 데리고 가느냐 마느냐 하는 선교 방법론의 차이로 인해 다툼이 격렬하여 그들이 서로 갈라져 떠나는 일이 발생하였습니다.

사회과학적으로 4명까지는 만장일치를 이룰 수가 있지만 그 이상이 모이면 만장일치는 불가능하다고 합니다.

저도 오래 전 의료선교회 일을 하면서 이런 아픈 경험을 한 적이 있었는데, 개인 전도와 달리 여럿이 함께 일하는 선교 현장에서는 의견 충돌로 인해 언제든 사역이 갈라지거나 심지어는 사역이 중단될 수 있습니다.

4) 다른 선교사나 다른 선교단체와의 비교로 인해 시기와 질투가 발생할 수 있습니다.

고전3:3-8 _ "너희가 아직도 육신에 속하였도다. 너희 가운데 시기와 다툼과 분열이 있으니 너희가 육신에 속하여 사람들처럼 걷지 아니하느냐? 어떤 이는 말하기를, 나는 바울에게 속하였다, 하고 다른 이는 말하기를, 나는 아볼로에게 속하였다, 하나니 너희가 육신에 속하지 아니하였느냐? 그런즉 바울은 누구며 아볼로는 누구냐? 그들은 단지 주께서 각 사람에게 주신 대로 너희로 하여금 믿게 한 사역자들이니라. 나는 심었고 아볼로는 물을 주었으되 오직 하나님께서 자라나게 하셨나니 그런즉 이와 같이 심는 자나 물 주는 자는 아무것도 아니며 자라나게 하시는 이는 오직 하나님이시니라. 이제 심는 자와 물 주는 자는 하나이며 저마다 자기의 수고에 따라 자기의 보상을 받으리라."

바울이 중요하지 않습니다. 아볼로가 중요하지 않습니다. 오직 주님께서 모든 선교사역의 주관자이심을 고백해야 시기와 질투가 생기지 않게 됩니다.

저도 문서선교를 하면서 이와 같은 부끄러운 마음을 가졌던 적이 여러 차례 있었습니다. 특히 「건강과 생명」 잡지가 돈이 없어 폐간의 위기에 몰릴 때마다 하나님을 원망하면서 후원이 빵빵하게 이뤄지는 타 선교단체들을 상대적 박탈감으로 인해 질시하기도 하였습니다.

앞서 말씀드렸던 선교의 정의를 기억해 보십시오. 서비스는 그야말로 매우 다양할 수 있습니다. 중요한 것은 복음전파입니다. 선교사역에서 다른 서비스들의 존재를 인정하고 존중해야 합니다. 그렇지 않으면 선교를 하더라도 시기와 질투 가운데 빠지게 될 수 있습니다.

5) 정치적 또는 사회적 책임에 무관심할 수 있습니다.

> 막12:17 _ "예수님께서 응답하여 그들에게 이르시되, 카이사르의 것들은 카이사르에게, 하나님의 것들은 하나님께 바치라, 하시니 그들이 그분으로 인해 놀라니라."

카이사르의 것과 하나님의 것은 구별되어야 합니다. 그래서 제정일치나 정교일치는 반성경적인 시스템입니다. 그러나 역설적으로 우리는 하나님께서 인간 정부를 허락하셨다는 사실을 기억하고 복음전파와 함께 정부의 순기능이 이뤄지도록 노력해야 합니다.

예를 들어 동성애를 조장하는 차별금지법과 같은 비성경적인 정치 사회적 이슈나 정책 등에는 단호하게 대처해야 합니다.

그러나 영혼 구원만 하면 됐지 하면서 비성경적인 사회적 이슈에 눈 감아 버린다면 나중에는 정부의 역기능이 커져 버려 오히려 온전한 복음 전파가 이뤄질 수 없게 됩니다.

6) 선교할 때 본말(本末)이 전도(顚倒)될 수 있습니다.

> 고후11:3,4 _ "그러나 뱀이 자기의 간교함으로 이브를 속인 것 같이 어떤 방법으로든 너희 마음이 그리스도 안에 있는 단순함에서 떠나

부패될까 내가 두려워하노라. 만일 누가 가서 우리가 선포하지 아니한 다른 예수를 선포하거나 혹은 **너희가** 받지 아니한 다른 영이나 **너희가** 수용하지 아니한 다른 복음을 받게 할 때에 **너희가** 그를 잘 용납하는도다."

선교의 정의를 다시 생각해보겠습니다. M equal 무엇입니까? 네 E + S입니다. 거듭 말씀드리지만 S 서비스는 Evangelism 복음전파를 위한 수단입니다.

그러나 자칫 방심하다가는 마지막에 Mission 선교는 Evangelism 복음전파가 없어지고 Service만 남게 됩니다. 즉 M = S로 변질이 될 수 있습니다.

선교사가 세운 연세대학과 이화여대 등을 보십시오. 초창기와 달리 이제는 교육과 학문이라는 서비스가 미션 자체가 되어 버렸습니다. 서비스가 복음을 잡아먹은 셈이죠. 필수 과목으로 되어 있는 채플에서도 더 이상 복음이 선포되지 않습니다.

제가 하고 있는 문서 선교에서도 이와 같은 영적인 위기가 발생할 뻔했습니다. 특별히 SBS에서 저희들의 의학적 자료들이 훌륭하다며 대가를 지불하고 사갈 때도 그랬고, 또 LIG생명에서도 「건강과 생명」이 우리나라에서 가장 앞선 건강 사이트라 하면서 제휴를 모색해 왔을 때 저희는 우리의 미션이 이 정도면 괜찮은 것 아니냐 하는 자족감이 생기기도 하였습니다.

그러나 서비스는 어디까지나 본질이 아닙니다. 복음전파가 이뤄지지 않는다면 그 수단인 서비스는 아무것도 아니며 오히려 '다른 복음'을 만들게 되는 것입니다.

7) 선교사역에 치중하다가 개인적 생활에 본이 되지 않아 전도가 어려워질 수도 있습니다.

> 빌3:17 _ "형제들아, 너희는 함께 나를 따르는 자가 되고 또 너희가 우리를 본보기로 삼은 것 같이 그렇게 걷는 자들을 주목하라."

이것은 복음을 전하는 것에만 국한되는 것이 아니라 개인생활에도 적용되는 말씀입니다.

일제시대 우리나라에서 25년간 목회와 전도와 교육사업을 지도하였고, 신사참배에도 강경하게 반대하였던 소열도 선교사(미국명 Theodore Stanley Soltau, D.D.)가 고국으로 돌아가 저술한 "Missions at the Crossroads"란 책에 다음과 같은 내용이 있습니다.

"개인의 감화 이상 중요한 것은 없습니다. 교회설립에 가장 효과적인 수단은 교인들의 개인전도입니다.

성경강습회로 모였을 때 참석자들에게 믿게 된 동기를 물었습니다. 전도지를 읽고 믿게 된 분 손을 들어 보세요 하면 대개 3,4명 많아야 6명 정도였습니다. 신약성경을 읽고 예수님 믿게 된 분? 별로 손드는 이가 없었습니다. 교회에 나와 목사가 전하는 말씀에 감동을 받아 믿게 된 분? 별로 손드는 이가 없었습니다. 친구나 가족 중에 믿는 식구가 있어 그들의 개인적인 노력으로 믿게 된 분? 상당수의 사람들이 손을 들었습니다.

솔타우 선교사가 제일 마지막으로 물었던 질문이 있었습니다. '여러분의 이웃 가운데 예수님을 믿는 이들의 생활을 보았을 때 여러분도 갖기를 원하지만 여러분에게 없는 평화나 능력이나 기쁨이 그들에게 있는 것을 보고 믿게 된 분들은 얼마나 됩니까? 이 물음에는 제일 많은 사람들이 손을 들었습니다."

그렇습니다. 크리스천에게 삶의 변화, 생활방법의 변화, 동기의 변화, 전인격의 변화가 전도(선교)에 제일 중요한 요소입니다. 이것은 사도 바울의 시대나 솔타우 선교사의 시대나 2014년이나 주님 다시 오실 때까지 변치 않는 진리입니다.

제가 서울대학교병원에서 근무하던 시절 모 선교회에서 열심히 성경공부를 하던 전공의가 있었습니다. 입원환자가 12시 조금 전에 병동으로 올라왔는데 그는 12시부터 성경공부 해야 한다며 환자를 살피지 않고 오더를 내놓지 않고 병동에서 나가버렸습니다.

또 다른 전공의는 일요일에는 교회에 가야 하니까 당직 스케줄에서 일요일 당직을 빼 달라 하였습니다.

이러면 전도가 될 수 있을까요?

앞서 말씀 드렸듯이 가장 효과적인 전도 방법은 이웃에게 본이 되는 생활을 하며 개인적으로 전도하는 것입니다. 그러나 선교단체나 교회 생활을 삶의 우선순위로 둘 때 자칫하면 개인적 생활에 본이 되지 않아 전도가 제대로 되지 않을 수도 있습니다.

3. 부끄러운 간증

이젠 다른 사람보다 제 얘기를 하겠습니다. 저는 부모님을 모시고 살고 있습니다. 두 분 다 90세가 넘으셨는데 부친께서 5년 전 파종성 결핵에 걸리셔서 고생하셨고 완쾌되자 또 척추관 협착증으로 큰 수술을 받으셨고 또 계속해서 위 수술, 대장암 수술 등을 연례행사로 받으셨습니다.

대장암 수술을 받고 병실에서 회복 중이시던 2년 전이었습니다. 제가 잠깐 부친이 계신 병실에 들려 병세를 살피고 나오는데 한 간호사가 저한테 와서 희귀난치병 등록 서류를 주면서 원무과에 가서 등록하라고 하였습니다.

저는 부친께서 결핵 진단을 받으셨을 때에도 제가 희귀난치병 등록을 하지 않았기 때문에 이 간호사가 불친절하게 저를 대한다고 착각을 하여 꼬치꼬치 따져 묻고는 제가 원무과에 내려가서 직접 등록을 하였습니다.

그리고는 밤에 자기 전 기도를 하는데 아무래도 그 간호사가 저로 말미암아 상처를 받았다는 느낌을 갖게 되었습니다. 기도가 잘 나오지 않았습니다. 물론 잠도 제대로 잘 수 없었습니다. 새벽에 기도를 하는 데에도 마찬 가지였습니다. 다른 기도도 잘 나오지 않았습니다.

그 다음 날이 되었습니다. 역시 마찬 가지였습니다. 잠을 잘 수가 없었습니다. 기도하는데 연자 맷돌이 생각났습니다.

> **눅17:2** _ "그가 이 작은 자들 중의 하나를 실족하게 하는 것보다 차라리 연자 맷돌을 목에 매달고 바다에 빠지는 것이 그에게 더 나으리라."

그 간호사에게 사과를 해야겠다는 결심을 하였습니다. 그러나 그 간호사의 이름도 모르고 얼굴도 잘 생각이 나지 않는데 어떻게 해야 할까 고민하다가 기도 중 그 병동의 수간호사를 찾아가야겠다는 생각이 들었습니다.

다음 날 그 병동 간호사실로 가서 수간호사를 만났습니다. 자초지정을 얘기하며 그 간호사가 누군지 모르지만 사과한다고 전해 달라 하였습니다. 한 2-3분 얘기한 것 같은데 그 시간이 2-3시간은 되는 느낌이었습니다.

물론 그 수간호사는 그 내용을 이미 보고받아 알고 있었고 또 제가 얘기하는 동안 너싱 스테이션에서 업무를 보고 있던 다른 여러 간호사들도 제 얘기를 안 듣는 척 할 뿐이지 제 이야기를 무척 재미있어 하며 듣고 있는 것을 알 수 있었습니다.

그 사건이후 저희 소아청소년과 병동의 환자가 넘쳐서 그 외과 병동에 한 명이라도 입원하게 되면 저는 회진을 돌 때마다 온몸에 진땀이 나는 등 교감 신경이 매우 활성화되는 경험을 하곤 합니다.

4. 전도를 통해 누릴 수 있는 5가지 복(blessing)

이제, 전도를 통해 누릴 수 있는 5가지 복(福)을 말씀드리고자 합니다.

1) 동역자를 통해 위로를 받을 수 있습니다.

> 골4:11 _ "유스도라 하는 예수가 너희에게 문안하느니라. 그들은 할
> 례자들에 속한 사람들이라. 이들만이 하나님의 왕국을 위하여 일하
> 는 나의 동역자들이니 그들이 내게 위로가 되었느니라."

참된 위로자이신 성령님(요14:16,26; 15:26; 16:7)이 어떻게 우리를 위로하
십니까? 네, 사람을 통해서입니다.

특히 선교는 고달파도 여러 사람이 함께 팀을 이루며 하는 경우가 대
부분이기 때문에 여러 동역자들로부터 위로를 받고 감당할 힘도 얻게
됩니다.

24년째 문서선교를 하면서 정말 많은 귀한 동역자들을 하나님께서
허락하셔서 위로를 받게 하신 것으로 인하여 주님께 이 시간도 진정 감
사를 드립니다.

이 짧은 시간에 다 말씀드릴 수 없지만, 「건강과 생명」의 실무를 맡은
형제자매들을 위시하여 수많은 크리스천 의료인들, 과학자들, 신학자
들, 한국의 독립침례교회 많은 목회자들, 붕어빵 가족으로 유명한 김상
훈 목사님, 명쾌한 논리로 복음전파에 열성적인 송영옥 목사님, 소설가

김성일 장로님, 문화사역자 강인중 대표님 그리고 폐지를 줍다가 「건강과 생명」을 발견하고 동역하시는 분, 이름 모를 교도소의 재소자 등등으로 인해 하늘의 위로를 많이 체험하였습니다.

또 제가 국민일보에 칼럼을 연재하던 때 하루는 이상한 전화가 걸려왔습니다. 바른문화운동 이기영 사무총장이셨는데 자기소개를 하고나서는 대뜸 제 신변에 이상이 없냐고 묻는 것이었습니다. 뇌호흡에 대해 쓴 제 칼럼을 복사해서 많은 사람들에게 나누어주고 있는데 혹시 단월드에서 테러를 가할지도 모른다고 하면서 만약 주위에 이상한 조짐이 보이면 즉시 연락을 달라고 하는 것이었습니다. 그리고 조금 있다가는 단월드대책위원장 허태선 목사님이 연락을 주셔서 또 비슷한 말씀으로 저를 위로해주고 격려해주었습니다.

다시 말씀드립니다만, 동역자들로부터 받는 위로는 오직 선교에 참여한 자들만이 누릴 수 있는 영적인 복입니다.

2) 영원한 스타가 될 수 있습니다.

> 단12:3 _ "지혜로운 자들은 궁창의 광채같이 빛나고 많은 사람을 의로 돌아서게 하는 자들은 별들(stars)과 같이 영원무궁토록 빛나리라."

오늘 여기에는 이미 스타이신 분도 있고 또 스타가 되기를 갈망하시는 분도 계실 터인데 우리는 스타가 된다고 하여도 이 세상에서 한시적인 스타일 수밖에 없습니다.

그러나 성경은 많은 사람을 의로 돌아서게 하는 자들은 영원무궁토록 스타가 된다고 말씀하고 있습니다.

즉 전도하여 많은 사람을 구원할 경우 우리는 영원한 미래에도 계속 스타로 남게 되는 엄청난 복을 받을 수 있는 것입니다.

3) 천국에 기쁨의 종이 울리게 할 수 있습니다.

> 눅15:7,10 _ "(7절) 내가 너희에게 이르노니, 이와 같이 하늘에서는 회개할 필요가 없는 의로운 아흔아홉 사람보다 회개하는 한 죄인으로 인하여 더 기쁨이 있으리라. (10절) 내가 너희에게 이르노니, 이와 같이 회개하는 한 죄인으로 인하여 하나님의 천사들 앞에서 기쁨이 있느니라, 하시니라."

천국에서 기쁨의 종이 울릴 때가 언제입니까? 한마음선교센터에 필요한 여러 가지 좋은 물품들을 기증할 때입니까? 개역한글 성경에서 흠정역 성경으로 바꿀 때입니까?

아닙니다. 천국에서 기쁨의 종은 천하보다도 귀한 한 영혼이 구원받을 때만 울립니다.

한번은 월간 「건강과 생명」 잡지사에 팩스가 한 장 들어왔습니다. 내용인즉 오래전부터 건강에 대한 정보를 얻기 위해 잡지를 구독하고 있었던 독자인데 계속 건강 칼럼들만 읽어오다가 하루는 이 사람들이 왜 신앙적인 얘기를 끊임없이 하는 걸까 하는 호기심에 모아두었던 수년간의 잡지들에서 신앙칼럼들을 읽다가 결국 예수님을 구주로 영접하게 되었다는 간증이었습니다. 아울러 이분은 앞으로 건강에 대한 기사보다는 신앙에 대한 글들을 더 많이 실어달라고 요청을 하였습니다.

그렇습니다. 천국에서 기쁨의 종이 울릴 때 그 종소리를 이 세상에서도 들을 수 있는 것은 오직 전도자만이 누릴 수 있는 특권입니다.

4) 아름답다고 칭찬을 받을 수 있습니다.

> 롬10:15 _ "보내어지지 아니하였으면 그들이 어찌 선포하리요? 이것은 기록된바, 화평의 복음을 선포하며 좋은 일들의 반가운 소식을 가져오는 자들의 발이 어찌 그리 아름다운가! 함과 같으니라."

예술이란 궁극적으로 아름다움을 추구하는 것이라 할 수 있겠지요. 여기 계신 많은 분들이 아름다움을 추구하실 텐데 그 어느 누구보다도 하나님으로부터 아름답다고 인정을 받는 것이 진정한 아름다움일 것입니다.

그렇습니다. 오직 복음을 선포하는 전도자만이 하나님께로부터 아름답다고 칭찬을 받을 수 있는 것입니다.

5) 기쁨(joy)과 환희의 관(crown of rejoicing)을 얻을 수 있습니다.

> 살전2:19 _ "우리의 소망이나 기쁨이나 환희의 관(冠)이 무엇이냐?

우리 주 예수 그리스도께서 오실 때에 그분 앞에 있을 바로 너희가 아니냐?"

성도들이 이 세상에서 어떠한 삶을 살았느냐에 따라 여러 보상을 받을 수 있습니다. 특히 전도의 열매를 맺는 분들은 주님께로부터 기쁨과 환희의 관을 얻게 됩니다.

보상을 받은 성도들은 왕좌에 앉으신 주님께 경배하며 다시 그 관들을 왕좌 앞에 던지며 주님을 찬송하게 됩니다.

그렇습니다. 우리가 전도자의 삶을 살 때 우리는 주님께 드릴 선물로 기쁨과 환희의 관을 마련하게 되는 것입니다.

5. 마무리

이제 말씀을 마치려 합니다.

전도나 선교는 때를 얻든지 못 얻든지 크리스천이라면 당연히 해야 하는 삶의 방편입니다.

오늘 이 시간, 전도자의 삶을 살아가고자 하는 저와 여러분 모두가 주님의 긍휼과 지혜와 도우심으로 '모든 사람이 구원을 받고 진리를 아는데 이르기를 원하시는' 주님의 뜻을 온전히 실천하는 삶을 살아갈 수 있기를 주님의 이름으로 축원합니다.

2

2부 _ 뉴에이지

스포츠와 영적 손상

동성결혼 시대의 믿음

인공지능과 불로장생

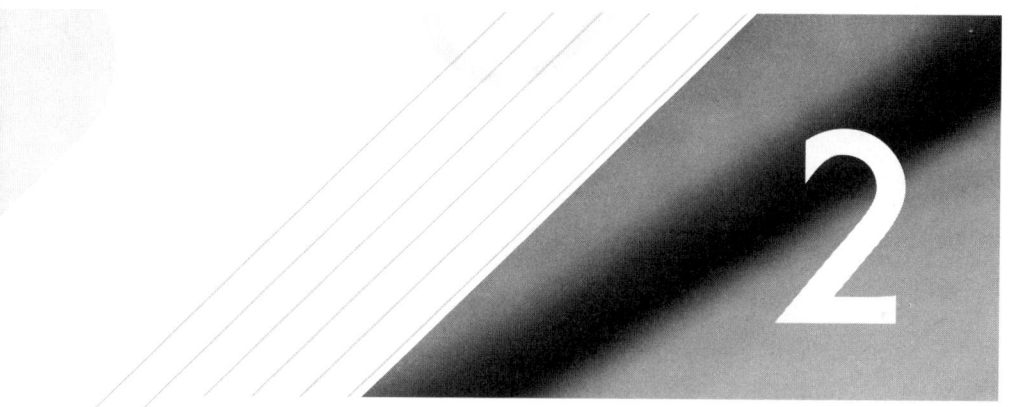

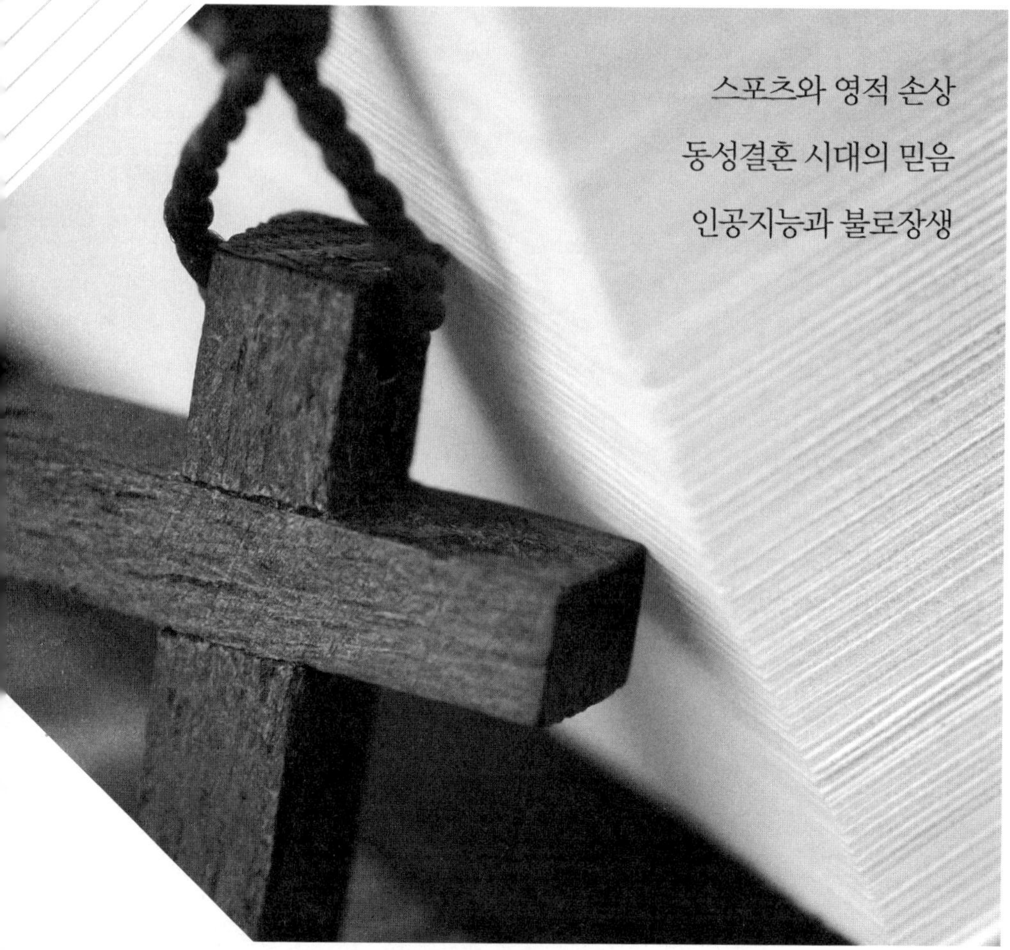

스포츠와 영적 손상

1. 들머리

    바야흐로 스포츠 전성시대이다. 동네 골목마다 태권도장이 지천이고 또 검도, 합기도, 복싱 등 특화된 무도를 수련할 수 있는 곳들이 아파트 상가에 자리 잡고 있어도 조금도 어색하지 않은 게 오늘의 현실이다. 이뿐이랴. 어린이 농구 교실, 축구 교실, 야구 교실 등을 안내하는 전단지나 현수막이 우리의 시선에 닿는 일도 비일비재하다.

    보릿고개 시절부터 있어 왔던 고전적인 조기축구회, 탁구 동호회, 산

악회 등에서부터 최근에는 직장인 야구 동호회, 테니스 동우회, 골프 친목회, 자전거 동우회, 승마 강습회 등에 이르기까지 스포츠는 우리 삶의 공동체적 영역에서도 그 스펙트럼을 무한히 확장시키고 있다.

아울러 계절별로 특화된 프로스포츠 경기가 항상 열리고 있고, 그간 스포츠 불모지라고 일컬어져 왔던 수영과 피겨 스케이팅에서 박태환과 김연아라는 세계적 스타의 탄생으로 인해 이제는 온 국민이 선진국형 스포츠 마인드까지 겸비케 되어 우리는 어느덧 스포츠와 하나 된 환경 속에서 삶을 영위하게 되었다.

그렇다면 이러한 스포츠 문화라는 도도한 시대적 조류 가운데 놓여 있는 우리 그리스도인들은 이 스포츠의 존재를 어떻게 이해하고 받아들여야 하는지 한번 성경적 관점에서 살펴보며 우리의 영적인 유익을 구해보고자 한다.

2. 스포츠

스포츠에 대한 (역사적 또는 학문적 고찰에 따른 정의는 한정된 지면으로 인해 서술을 생략하지만) 사전적인 정의는 '경쟁과 유희성을 가진 신체운동 경기의 총칭' 또는 '일정한 규칙에 따라 개인이나 단체끼리 속력, 지구력, 기능 따위를 겨루는 일'로 표현될 수 있다.

스포츠에는 잘 알려진 바대로 신체적으로 뿐만 아니라 정신적, 사회적으로도 우리를 건강하게 성장하도록 도움을 주는 순기능이 있다. 성경에서도 우리의 믿음의 삶을 경주(race)에 비유하고 있듯이 신체운동 경기라는 본래의 성격상 개인적 차원에서의 스포츠는 장려되지 않을 이유가 없다고 생각한다(히12:1, 고전9:24).

> 히12:1 _ "그러므로 증인들이 이렇게 큰 구름을 이루며 또한 우리를 둘러싸고 있으니 모든 무거운 것과 너무 쉽게 우리를 얽어매는 죄를 우리가 떨쳐 버리고 인내로 우리 앞에 놓인 경주를 달리며"
>
> 고전9:24 _ "경주할 때에 달리는 자들이 다 달릴지라도 한 사람이 상을 받는 줄을 너희가 알지 못하느냐? 너희도 상을 받도록 이와 같이 달리라."

그러나 구원받지 못한 인간의 모든 행위가 다 그러하듯이 스포츠도 분명 적지 않은 역기능이 있고 특별히 프로스포츠의 경우 그리스도인들의 신앙에 심각한 침해를 줄 수도 있다.

3. 경쟁

전술하였듯이 경쟁은 스포츠를 정의하는 데 꼭 필요한 개념이다. 특별히 사회 · 심리학적 관점에서 볼 때 경쟁은 스포츠에 있어서 최고의 가치이며 필수불가결한 요소라 할 수 있다. 즉 상대방이 실패하고 대신 내(우리)가 승리하여 내(우리) 자신을 높이는 것이 스포츠의 가장 중요한 목표가 되는 것이다.

그러나 성경은 단호히 말씀한다.

> 잠21:4 _ "거만한 눈빛과 교만한 마음과 사악한 자의 쟁기질은 죄니라."

그래서 잘 알려진 복음전도자 빌리 선데이는 그가 미국 프로야구 선수로서 성공적인 삶을 살다가 선수생활을 그만 두게 된 열 가지 이유 중 하나로 다음과 같은 이유를 들었던 것이다. "(프로스포츠는) 질시와 이기심을 부추기는 영이 생기게 하며, 다른 선수들의 형편을 돌아보지 못하고 자신의 성공만을 추구하게 만든다."

아울러 경쟁의 강조는 인간에게 이익과 위험, 그리고 유용과 남용 같은 양면성을 더욱 드러나게 해준다. 그래서 상황에 따라 뒤바뀌는 경기 점수판을 바라보고 열광하는 가운데 불법 스포츠도박, 승부조작, 오심파동, 선수폭행, 부정·부패행위의 유혹 등이 항상 더불어 존재하게 되는 것이다

그러나 경쟁에서 승리, 형통, 성공하는 하나님의 방법은 세상의 것과는 판이하게 다르며, 진정한 패배란 오직 구원과 영생에 이르지 못하는 것뿐임을 알아야 한다(수1:8; 눅9:25).

> 수1:8 _ "너는 이 율법 책을 네 입에서 떠나지 말게 하며 밤낮으로 그것을 묵상하여 그 안에 기록된 모든 것에 따라 지켜 행하라. 그리하면 네가 네 길을 형통하게 하며 또한 크게 성공하리라."

눅9:25 _ "사람이 만일 온 세상을 얻고도 자기를 잃거나 버림을 받으면 그에게 무슨 이득이 있느냐?"

4. 유희성(遊戲性)

스포츠로 정의하기 위한 또 하나의 개념은 유희성이다. 곧 나름 재미가 있는 운동이어야 스포츠라 할 수가 있는 것이다. 특히 프로스포츠의 경우 재미가 없으면 관중이 동원될 수 없기에 경기 운영방식이라든가 마케팅이나 홍보 등에서도 우리의 오감을 자극하며 즐거움을 주기 위해 필사의 노력을 기울이는 것이다.

선수들의 유니폼 디자인은 물론 경기장 조명 위치 등 보이지 않는 세세한 부분에까지도 관중들의 즐거움을 배가시키기 위한 노력이 기울여지고 있는데 특별히 치어리더를 통해 흥을 돋우며 더욱 더 육신의 정욕과 안목의 정욕을 부추기고 있는 것이 프로스포츠의 현주소이다.

그러나 성경은 단호하게 말씀한다.

요일2:15-17 _ "세상이나 세상에 있는 것들을 사랑하지 말라. 어떤 사람이 세상을 사랑하면 아버지의 사랑이 그 속에 있지 아니하니 세상에 있는 모든 것 즉 육신의 정욕과 안목의 정욕과 인생의 자랑은 아버지에게서 나지 아니하고 세상에서 나느니라. 세상도 그것의 정욕도 사라지되 오직 하나님의 뜻을 행하는 자는 영원토록 거하느니라."

아울러 우리는 천국에 기쁨의 종이 울리는 것은 우리가 이 세상에서 재미있는 시간을 보낼 때가 아니라 오직 한 영혼이 구원받을 때뿐임을 알아야 하며, 우리가 창조된 목적은 우리 자신이 이 세상에서 즐겁게 살기 위해서가 아니라 오직 주님의 기쁨을 위한 것임을 기억해야 한다(눅 15:7,10; 계4:11).

> 눅15:7,10 _ "내가 너희에게 이르노니, 이와 같이 하늘에서는 회개할 필요가 없는 의로운 아흔아홉 사람보다 회개하는 한 죄인으로 인하여 더 기쁨이 있으리라. ~ 내가 너희에게 이르노니, 이와 같이 회개하는 한 죄인으로 인하여 하나님의 천사들 앞에서 기쁨이 있느니라, 하시니라."

> 계4:11 _ "오 주여, 주는 영광과 존귀와 권능을 받기에 합당하시오니 주께서 모든 것을 창조하셨고 또 그것들이 주를 기쁘게 하려고 존재하며 창조되었나이다, 하더라."

5. 기록

스포츠에 재미를 더해주는 요소 중 하나가 각 선수나 팀과 관련된 각종 기록들이다. 예를 들어 지금 미국 메이저리그에서 맹활약을 하고 있는 류현진 선수의 경우를 보자. 승률, 방어율, 자책점, 퀄리티 스타트 횟수, 타율, 타점, 출루율 등은 물론이고 여러 구종의 비율, 삼진이나 볼

넷, 사구 등의 횟수, 상대한 타자들과의 기록들, 다저스 팀내외 다른 투수들과의 비교 기록 등등 이루 헤아릴 수 없는 수많은 개인 기록들이 언론을 통해 보도가 되고 있다.

또 다저스 팀은 물론 메이저리그에 속한 30개 팀들에 대한 주요 기록들도 미 본토에서 이역만리 떨어져 살고 있는 한국인들의 망막에 각인이 되고 있다. 그런데 놀라운 것은 이러한 세세한 기록들을 줄줄이 꿰어 차고 있는 광팬들이 한국에도 수없이 많다고 하는 사실이다.

미국 프로 야구뿐 아니라 국내외 각종 프로스포츠의 경우도 똑같은 상황이다. 애국가를 4절까지 외우는 것에는 관심이 없지만 자기가 좋아하는 프로 선수나 팀에 관련된 각종 기록들을 반추하며 스포츠를 즐기는 이들이 날로 늘어가고 있는 것이 엄연한 현실이다.

그래서 그리스도인들조차 기록된 하나님의 말씀을 묵상하고 암송하는 것보다 스포츠와 관련된 기록들을 탐구하는 데 더 많은 시간을 보내는 것을 당연시 하는 시대가 되어버리고 말았다.

그러나 우리가 탐구하고 기뻐하며 묵상하여야 할 것은 오직 성경 기록뿐이다(요5:39; 시1:2).

> 요5:39 _ "성경 기록들을 탐구하라(Search the scriptures). 너희가 그것들 안에서 영원한 생명을 얻는 줄로 생각하거니와 그것들은 곧 나에 대하여 증언하는 것들이니라."

시1:2 _ "그는 주의 율법을 기뻐하며 그분의 율법을 밤낮으로 묵상하는도다."

6. 스타

필자는 오래 전 제주공항에서 당시 우리나라 축구 국가대표 선수였던 이회택 씨를 만나 사인을 받고 한동안 그것을 소중히 간직하면서 행복해했던 시절이 있었다. 또 밴쿠버 동계올림픽에서 김연아 선수의 프리스케이팅 경기 중계방송을 가슴이 조려와 차마 보지 못하고 그냥 마음으로 간절히 응원하는 별난 팬심을 발휘하기도 하였다.

비단 필자뿐이랴. 대부분의 한국인들에게는 각자 좋아하고 응원하는 스포츠 스타들 한두 명씩은 있을 터인데, 국내외 스포츠 스타에 대한 동경심과 애정은 실로 지극정성이란 말로도 모자랄 수 있는 경우가 허다하다. 따라서 스포츠 스타의 일거수일투족에 일희일비하는 것을 넘어 그 스타의 세계관과 가치관이 팬들에게 매우 자연스럽게 전달될 수 있다.

'스포츠 마켓팅 뉴스레터'에서 1995년에 미국성인 1,240명을 대상으로 스포츠 스타에 대한 인기도를 조사한 결과를 보면 1위는 (에이즈 양성이며 수많은 여자들과 잠자리를 가졌다고 고백한) 매직 존슨, 2위는 (경쟁자인 낸시 캐리건을 피격토록 사주한) 토냐 하딩, 3위는 (부인을 살해한 혐의를 받고 있는) O. J. 심슨, 4위는 (성폭력을 저지른) 마이크 타이슨으로 나왔다. 이는 아마도 세상에서 가장 성공한 스포츠 스타들에게 악행은 또 하나의 스포츠로 여겨졌기 때문이리라(잠10:23상).

잠10:23상 _ "해악을 행하는 것이 어리석은 자에게는 오락(sport)과 같으나"

어찌되었든 이 조사결과를 보면 스포츠에 탐닉하며 스타를 추종하는 이들은 어떤 도덕적 잣대나 성경적 기준과는 상관없이 그들이 즐기는 스포츠 자체로 인해 그 스포츠와 스타들을 우상시 하게 됨을 알 수 있다. 그래서 미국 코넥티컷 대학의 스포츠 심리학자 알란 골드버그 박사는 "스포츠는 종교(religion)와 같은 것이며 우리 모두가 경배하는 그 종교의 신(god)은 승리(winning)의 신이다."라고 일갈하는 것이다.

그러나 하나님께서는 단호히 선언하신다.

사42:8 _ "나는 주니라. 그것은 내 이름이니라. 나는 내 영광을 다른 자에게 주지 아니하며 내 찬양을 새긴 형상들에게 주지 아니하리라."

요일5:21 _ "어린 자녀들아, 너희 자신을 지켜 우상들을 멀리하라. 아멘."

7. 배금(拜金)

2013년 6월부터 2014년 6월까지 1년간 전 세계 스포츠 스타들의 연봉 순위를 보면 모두의 예상을 깨고 복싱 WBA 및 WBC 웰터급 통합 챔피

언인 플로이드 메어웨더가 약 1,070억 원으로 1위를 차지하였다. 2위는 약 815억 원으로 축구선수 크리스티아누 호날두, 3위는 약 737억 원으로 농구 선수 르브론 제임스, 4위는 약 659억 원으로 축구선수 리오넬 메시, 5위는 약 626억 원으로 농구선수 코비 브라이언트 순이었다.

우리나라에서 30대 직장인 남자의 평균 연봉이 3,750만 원, 여자는 2,700만 원인 것을 감안하면 이 스포츠 스타들이 벌어들이는 돈은 가히 상상을 초월할 정도이다. 이렇게 프로스포츠 선수가 많은 돈을 벌 수 있는 것은 프로스포츠가 바로 경제적 동인(動因)에서 비롯되기 때문이다.

그래서 최근 스포츠 스타 연봉 1위에 빛나는 메이웨더의 돈 자랑 시리즈가 SNS에서 화제가 되었듯이 프로스포츠는 결국 돈을 사랑하는 것이 당연하다고 하는 메시지를 스포츠에 관심 있는 우리 모두에게 확산시키고 있는 것이다. 아울러 부지불식간에 보이지 않는 하나님보다 눈에 보이는 돈을 더욱 사랑하고 의지하고 숭배까지도 할 수 있게 만드는 것이다.

그러나 성경은 말씀한다.

딤전6:10 _ "돈을 사랑함이 모든 악의 뿌리이니 어떤 자들이 돈을 탐내다가 믿음에서 떠나 잘못하고 많은 고통으로 자기를 찔러 꿰뚫었도다."

마6:24 _ "아무도 두 주인을 섬길 수 없나니 이는 그가 한 주인을 미워하고 다른 주인을 사랑하거나 혹은 한 주인을 떠받들고 다른 주인을 업신여길 것이기 때문이라. 너희가 하나님과 맘몬(mammon)을 겸하여 섬길 수 없느니라."

8. 제전(祭典)

1986년 서울 하계 아시안게임, 1988년 서울 하계 올림픽, 2002년 한일월드컵, 2002년 부산 하계 아시안게임, 2003년 대구 하계 유니버시아드, 2011년 대구 세계육상선수권 대회, 그리고 2014년 9월 인천 하계 아시안게임. 이상은 우리나라에서 개최되었던 세계적 스포츠 제전의 제목들이다.

제전(祭典)이란 '문화, 예술, 체육 따위와 관련하여 성대히 열리는 사회적인 행사'를 일컫지만 일차적인 사전적 의미가 '제사(祭祀)의 의식'인 데서 알 수 있듯이 영적(靈的)인 내용을 담고 있는 표현이다. 그래서 스포츠 제전이라 할 때에는 스포츠 자체가 하나의 제사(祭祀) 및 예배(禮拜)로 드려지는 것에 다름이 아니다.

그렇다면 과연 어떤 존재가 스포츠를 통해 경배(敬拜)를 받고 싶어 하는 것일까?

이번 아시안게임의 성화(聖火)는 (이전과 달리 아시안게임의 역사와 정통성을 강조하기 위해 제1회 대회가 열렸던) 인도 뉴델리에서 여사제(女司祭)에 의해 채화(採火)가 되었는데, 이는 올림픽이나 유니버시아드 대회에서와 마찬가지로 태양(Osiris, 採火)을 통한 불(Horus, 聖火)의 탄생으로 제전(Sports, 祭典)이 시작

됨을 의미한다.

그리고 '날개달린 태양' 이 공식 로고로 채택이 되었는데, 이는 루시퍼(Lucifer)의 상징인 불사조(Phoenix, 태양의 새)와 호루스의 상징인 날개달린 태양(Winged Sun)이 절묘하게 결합된 형태이며 로고에서 갈라진 18개의 깃털은 공교롭게도 짐승의 수(666=6+6+6=18)를 나타내고 있다(계13:18). 아울러 마스코트인 물범의 가슴에도 (루시퍼 숭배를 뜻하는) 태양 문양이 선명하게 그려져 있다.

따라서 호루스의 눈 모양으로 만들어진 주경기장 및 기타 여러 보조경기장에서 15일 동안 치러지는 인천 아시안게임을 통해, 그리고 모든 스포츠 제전을 통해 경배 받기 원하는 존재는 하나님이 아니라 바로 이 세상의 신인 사탄인 것이다(고후4:4).

> 고후4:4 _ "그들 속에서 이 세상의 신이 믿지 않는 자들의 마음을 가려 하나님의 형상이신 그리스도의 영광스러운 복음의 빛이 그들에게 비치지 못하게 하였느니라."

9. 마무리

지난 2012년 런던 하계 올림픽과 장애인 올림픽 개회식·폐막식 행사에서 바빌론 종교인 태양신 숭배에 관련된 수많은 사탄의 상징들과 메시지가 노골적으로 전 세계인들에게 전해졌었다. 아마 이번 인천 하계 아시안게임을 통해서는 더욱 더 신세계질서(New World Order)를 추구하는 사탄의 플랜이 확연하게 드러나리라 예상이 된다.

스포츠는 우리 삶과 분리될 수 없는 분야이다. 개인적인 건강을 위해 스포츠에 참여하는 것은 분명 좋은 일이다. 그러나 이미 살펴본 바와 같이 스포츠와 연관되어 영적인 해악성이 있을 수 있다는 사실을 우리 그리스도인들은 간과하지 말아야 한다.

아울러 사탄이 자신의 때가 곧 옴을 알기 때문에 스포츠를 통해서도 정치, 경제, 사회, 문화 각 분야에서처럼 자신을 더 드러내고자 하는 시대의 좌표를 인식해야 할 것이다.

이제 마지막 때를 살아가는 우리에게 하시는 주님의 말씀에 귀를 기울이도록 하자.

> 딤전4:1 _ "이제 성령께서 분명히 말씀하시기를 마지막 때에 어떤 사람들이 믿음에서 떠나 유혹하는 영들과 마귀들의 교리들에 주의를 기울이리라 하시는데"

> 벧전5:8,9상 _ "정신을 차리라. 깨어 있으라. 너희 대적 마귀가 울부짖는 사자같이 두루 다니며 삼킬 자를 찾나니 믿음에 굳게 서서 그를 대적하라."

z

동성결혼 시대의 믿음

J 교수님께

안녕하세요?

먼저 며칠 전 점심시간에 초코 셰이크를 사주신 것에 대해 고맙다는 말씀도 제대로 드리지 못한 것 같은데 뒤늦게나마 메일을 통해 감사의 마음을 전해드립니다. 10분도 안 되는 짧은 교제의 시간이라 경황이 없어 마무리도 못하고 각자 오후 일과를 시작하게 되었지만 그 셰이크의

훌륭한 맛은 지금도 제 미각회로 내에 깊이 각인되어 있습니다. 다시 한 번 탁월한 디저트를 선물하여 주신 교수님께 진심으로 감사를 드립니다.

그러나 개인적으로 매우 아쉬웠던 점은 맛있는 음료를 마시며 경청하였던 교수님의 동성애에 관한 견해에 대해 제가 구체적으로 답변을 할 수 있는 시간이 없었다는 것입니다. 그래서 오랜 시간 고민하다가 교수님께 메일을 드려 제 의견을 소상히 밝히고 그럼으로써 서로 간에 영적인 유익을 나눌 수 있지 않을까 하여 이처럼 메일을 드리게 되었습니다.

J 교수님께서는 평소 교수님이 존경하는 K 목사님의 '동성 결혼 시대의 믿음'이란 제하의 설교문을 읽으시고 그분의 의견에 공감한다고 말씀하신 것으로 기억합니다. 그러나 우리의 모든 판단의 기준은 어떤 목사나 신학자나 영적 지도자 등과 같은 사람의 말에 있지 아니하고 오직 하나님의 말씀 곧 성경에 있음을 잊지 말았으면 합니다(롬3:4).

그러면 이제 K 목사님의 설교에서 무엇이 문제가 되는지 말씀드리도록 하겠습니다.

1. 성경 훼손

우선 K 목사님은 설교의 서두에서 "기독교인들 중에는 소돔과 고모라 성이 동성애 때문에 심판받았다는 소문이 널리, 그리고 깊이 퍼져 있습니다."라고 하셨습니다. 소돔과 고모라 성이 동성애 때문에 심판받은 사실이 그저 '소문(所聞)'이라고 하고 있습니다. '소문'은 사전적 정의로 '사람들 입에 오르내려 전하여 들리는 말'입니다. 즉 K 목사님은 '소문'이란 단어를 선택하여 사용함으로써 동성애에 대한 심판은 성경적 사실이 아니라고 하시는 것입니다.

그리고 이어지는 문장에서 "소돔과 고모라는 총체적인 타락과 죄 때문에 심판을 받은 것인데, 동성애 때문이라고 오해합니다."란 부연설명까지 하고 있습니다. 동성애 옹호론자들의 단골메뉴가 바로 이와 같은 주장인데 그들과 같은 주장을 되풀이 하고 있는 것입니다.

그리고는 자신은 "성경을 최고의, 그리고 최종의 권위로 믿습니다." 하면서 "동성애에 대해 말하고 있는 성경 말씀은 모두 여섯 개"라 하고는 이를 소개합니다. 소개로만 끝내지 않고 이에 대한 친절한 설명을 덧붙입니다. 동성애를 지지하는 사람들의 주장을 말하고 나서 "이 해석에 어느 정도 일리가 없는 것은 아니지만"이라 한 후 동성애에 대한 바울의 정의를 말합니다.

그런데 이러한 논리 전개에 문제가 있는 것은, 즉 성경 말씀의 선포 자체로 끝나지 않고 인본주의적인 해석을 첨가하는 것은 이와 같은 표현을 통해 '동성애지지자들의 주장에 어느 정도 일리가 있다'는 메시지도 함께 전달이 될 수 있다는 사실 때문입니다.

아울러 성경에서 동성애에 대해 언급된 구절들(창19:5; 레18:22,23; 20:13; 신23:17,18; 삿19:22,23; 왕상14:24; 15:12; 22:46; 왕하23:7; 욥36:13,14; 롬1:26,27; 고전6:9,10; 딤전1:10, 유1:6,7) 중 반 이상을 생략하고 단지 여섯 구절이 전부인양 언급하고 있는 것도 문제이지만, 특히 "소돔과 고모라는 (동성애 때문이 아니라)

총체적인 타락과 죄 때문에 심판을 받은 것"이란 본인의 주장이 틀렸음을 명확하게 보여주는 유다서를 배제한 것은 고의성이 있다고 여겨집니다.

> 유1:6,7 _ "또 자기들의 처음 신분을 지키지 아니하고 자기들의 처소를 떠난 천사들을 큰 날의 심판 때까지 영존하는 사슬로 묶어 어둠 밑에 예비해 두셨는데 이것은 소돔과 고모라와 그것들의 주변 도시들이 같은 방식으로 자기를 음행에 내주고 낯선 육체를 따라가다가 영원한 불로 보복을 당하여 본보기가 된 것과 같으니라."

분명히 성경은 소돔과 고모라가 자기를 음행(fornication)에 내주고 낯선 육체(strange flesh)를 따라가다가 영원한 불로 보복을 당하여 본보기가 되었다고 말씀합니다. 낯선 육체에 대한 음행이 없었더라면, 즉 동성애가 만연되지 않았더라면 소돔과 고모라는 결코 유황과 불로 심판을 받지 않았을 것입니다(창19:4-11; 23-25).

성경 말씀을 잘 모르더라도 동성애를 뜻하는 영어 단어 소도미(sodomy)가 어떻게 유래되어 현재까지 사용되고 있는지 상식적으로 헤아려 본다면 K 목사님을 비롯한 동성애 옹호론자들의 주장이 잘못된 것임을 누구든 알 수 있으리라 생각됩니다.

성경 말씀이 마음에 들지 않으면 본문과는 다른 의미를 부여하거나 아예 제거해 버리는 이들에 대해 하나님께서는 다음과 같이 경고하십니다.

2. 자살

K 목사님은 동성애자들을 크게 두 종류로 '타락한 동성애자들' 과 '타고난 동성애자들' 로 나누고 있습니다. 운(韻, rhyme)을 맞추어 동성애자들을 이렇게 둘로 대별하기 위해 K 목사님은 세 가지 논거를 들고 있습니다.

그 첫 번째가 '자살' 입니다. K 목사님은 말씀합니다. "자살은 죄다. …… 우울증이나 다른 사정으로 인해 자살로 몰린 사람도 있습니다. 그것은 잘못된 선택이 아닙니다. 어쩔 수 없이 그렇게 된 것입니다. …… 자살한 사람들의 사정이 모두 다르듯, 동성애자들도 마찬가지입니다. …… 우울증으로 자살한 사람을 교리적으로만 단죄할 수 없듯이, '타고난 동성애자들' 을 교리만으로 정죄하고 배척하는 것은 옳지 않다는 사실을 깨닫게 될 것입니다. …… '자살은 죄다' 라는 생각이 어떻게 발전하는지 보시기 바랍니다. 자살은 죄다. → 죄인은 지옥에 간다. → 자살한 사람은 지옥에 간다. 많은 사람들이 무의식적으로 이 논리를 따라갑니다."

자살은 죄며, 우울증이나 다른 사정으로 인해 자살로 몰린 사람도 있는 것은 사실입니다. 그러나 그것은 어찌되었든 잘못된 선택입니다. K 목사님의 논리와 달리 성숙한 그리스도인이라면 때론 자살충동을 느낄 수 있겠지만 자살을 하지 않습니다.

성도들에게 인내의 본이 되는 자로서 완전하고 곧바르며 하나님을 두려워하고 악을 멀리하였던 욥이나 구약을 대표하는 자로서 이 세상에서 가장 온유한 사람이라 인정받은 모세, 그리고 메시야가 오기 전에 보냄을 받아야 하는 자로서 죽음을 맛보지 않고 승천하였던 엘리야 등에게도 자살 충동이 있었습니다(욥1:1; 7:15,16; 약5:11; 민11:15; 12:3; 요1:17; 왕상19:4; 왕하2:11; 말4:5). 그렇지만 그들은 자살을 하지 않았습니다.

또한 자살하면 반드시 지옥에 갈 것이라고 단정하는 것은 성경적 근거가 전혀 없는 이야기입니다(삿16:21-31; 히11:32; 삼상28:19; 31:1-6). 진실로 예수님을 구주로 영접한 적이 있는 사람이라면 어떠한 죽음을 맞더라도 천국에 가는 것이 사실입니다(요1:12; 롬10:9,10).

아울러 그리스도인으로서 자살을 하지 말아야 할 이유들이 확고한 것처럼 동성애도 하지 말아야 하는 것이 너무도 당연한 성경적 진리입니다. (이에 대해 좀 더 자세히 알고 싶으시면 졸저 '성서건강학' 중 '자살' 칼럼이나 졸저 '성경으로 세상보기' 중 '동성애가 복음에 미치는 영향'을 참조해주시기 바랍니다.)

K 목사님께서 일부 미성숙한 그리스도인들의 자살에 대한 잘못된 생각을 일반화시켜 많은 그리스도인들이 동성애에 대해서도 무지하리라 예측하고 자신의 판단을 받아들이라 하는 것은 그리스도인들에게 동성애 이슈에 대해 일종의 침묵을 강요하는 것에 다름이 아니라고 생

각합니다(잠16:18,19; 눅19:40).

3. 타고난 동성애자

두 번째 논거로서 K 목사님은 설교의 본론에서 '동성애가 선천적' 일 수 있다고 말씀합니다. "그것이 언제부터 시작되었든, 어느 사회든지 인구의 3-5% 정도가 그런 경향을 가지고 있고, 그것은 거의 고쳐지지 않습니다. 그것이 현실입니다. 그들을 '타고난 동성애자들' 이라고 부르겠습니다."

인구의 3-5% 정도가 '타고난' 동성애자들이라고요? K 목사님은 또한 설교의 결론으로 넘어가는 부분에서도 다음과 같이 언급을 하고 있습니다. "앞으로 동성애자들은 더 흔해질 것입니다. 인구의 3-5%면 적은 수가 아닙니다. 통계적으로 말하자면 30명이 모여 있을 때 한 사람 정도는 그런 성향을 가진 사람이 있을 수 있다는 뜻입니다."

처음에는 '타락한 동성애자들' 과 '타고난 동성애자들' 을 구별하여야 한다고 하면서 결론적으론 (일반적으로 알려지고 있는 서구 인구의 2-3%인 동성애자보다 많은 수의) 동성애자들 모두가 '타고난 동성애자들' 이란 표현을 하고 있는 것입니다.

어찌되었든 그렇다면 동성애는 과연 타고나는 것일까요? 그렇지 않습니다. 동성애는 결코 선천적이지 않습니다.

우선 동성애가 유전이 아닌 과학적 근거는 자녀를 적게 낳는 행동양식은 유전일 수 없다는 사실 때문입니다. 남성 동성애자의 15%만이 결혼을 하는 것으로 알려지고 있는데 그렇다면 동성애를 유발하는 유전자가 다음 세대로 전달되지 못하기에, 동성애 유전자를 가진 집단에 속한 사람 수가 점차 줄어들어서 동성애는 이미 지구상에서 사라졌어야 합니다.

돌연변이에 의해 정상적인 유전자가 손상되어 나타난 이상 현상이라는 주장도 잘못된 것입니다. 왜냐하면 유전적 결함에 의해 나타나는 유전질환은 0.25% 이하의 빈도를 가지고 있고, 모든 유전질환자를 합치더라도 전체 인구의 1% 정도 밖에 되지 않기 때문이며, 동성애자 수는 나이가 많아질수록 감소하기 때문입니다.

1993년에 동성애자인 해머에 의해 Xq28과 남성 동성애 사이에 높은 상관관계가 있다고 발표된 논문이 아마도 동성애가 유전이라는 주장을 확산시킨 주범일 텐데요, 이것을 포함하여 동성애 유발 유전자가 있을 것으로 추정된 모든 논문들은 후속 논문들에서 그 연구 결과들이 부정되었습니다.

그러나 안타깝게도 국내 온라인에는 Xq28과 남성 동성애 사이에 상관관계가 있다는 해머의 결과는 소개되고, 라이스 등에 의해 동성애 유발 유전자를 발견하지 못했다는 결과와, 해머를 포함한 연구팀이 많은 가계를 조사하여 Xq28과 동성애 사이의 상관관계를 발견하지 못했다는 결과는 소개되지 않고 있습니다.

그 외에도 신체구조에 의한 연구 및 일란성 쌍둥이에 대한 연구 등에 있어서도 처음에는 동성애자나 동성애 옹호자들에 의해 왜곡된 결과들이 나왔지만 최근의 대규모 연구결과들에 의해서 동성애가 선천적이지 않음이 드러나고 있습니다(요8:32,44). (동성애가 선천적이지 않다는 과학적 사실에 대해 좀 더 자세히 알고 싶으시면 '라온누리'에서 출간된 '동성애 과연 타고나는 것일까?'를 읽어보시기 바랍니다.)

4. 언론

　이처럼 동성애가 선천적이지 않음에도 K 목사님의 경우처럼 동성애가 선천적이라고 믿게 만든 주범은 언론이라 할 수 있습니다. 전술하였듯이 국내 포털 사이트를 비롯해서 대부분의 미디어는 동성애에 대한 진실을 보도하지 않고 오히려 이의 확산에 경쟁적으로 열을 올리고 있는 것이 작금의 현실입니다.

　며칠 전 중앙일보 홈페이지에 게재된 '디지털 썰전'이라는 사회현안 투표 사이트에서 동성결혼에 대한 찬반을 묻는 투표가 진행되었습니다. 그런데 중앙일보가 설명한 동성결혼 반대 문구를 보십시오. 그 내용은 '동성애에 대한 인식의 부재로 시기상조이다'입니다. 즉 동성애에 대한 인식이 제대로 되면 동성결혼은 가능하다는 전제가 깔려 있는 것입니다. 반대를 누르는 사람에게조차 '당신은 동성애에 대한 인식이 아직 안되어 있는데 동성애에 대해 앞으론 제대로 인식하라'고 세뇌시키는 것입니다.

　또한 더욱 가관인 것은 투표종료가 되지 않은 상황에서 중간발표라는 형식을 빌려 7월 13일 오후 1시 21분경에 허용 41% 반대 59%로 동성결혼 지지수가 가장 높았던 상황에서 동성결혼을 허용하자는 의견이 다

수인 것처럼 기사를 발표하고자 했으며, 7월 14일 0시 투표 종료 시에 '반대 71%(131,439명), 찬성 29%(53,407명)'으로 최종집계가 나왔으나 14일 오전 6시에 찬성 35%, 반대 65%로 수치가 조작된 채 홈페이지에 게재가 된 사실입니다.

비단 이뿐입니까. 올해 초 중앙일보의 자회사인 케이블방송 JTBC에서는 청소년드라마 '선암여고 탐정단'에서 동성애에 빠진 여학생들이 오랜 시간 깊은 키스를 하는 장면이 방송되어 청소년들 및 청소년 자녀를 둔 학부모들에게 큰 충격을 주었었지요. 청소년 시기는 성적 정체성이 확립되는 중대한 시기로 자칫 잘못된 성 정보가 주어질 경우 성 정체성 혼란과 성 정체성 장애를 가져 올 수 있음은 불문가지입니다.

이러한 정황으로 볼 때 중앙일보가 (해킹 당했다고 구차한 변명을 늘어놓고 있지만) 의도적으로 동성결혼에 대해 우호적인 여론을 형성하고자 여론조작 행위를 조직적으로 한 것이라고 밖에는 볼 수 없는 것입니다. 그런데 안타까운 사실은 중앙일보뿐 아니라 거의 대부분의 매스미디어가 친동성애자들에 의해 장악이 되어 있으며 심지어 뉴스앤조이, 복음과 상황, CBS 등 기독교 언론에서조차 동성애 확산에 일조를 하고 있는 것이 엄연한 현실입니다.

그리고 이런 영향으로 K 목사님과 같이 속임을 당하고 또 그럼으로써 다른 그리스도인들을 (본의 아니게) 속이게 되어 시간이 갈수록 기하급수적으로 많은 그리스도인들이 동성애에 대해 분별력을 잃게 되는 형국이 되어 버렸습니다 (요8:44; 고후4:4; 엡2:2).

5. 인권

또한 언론에서 동성애가 후천적이라는 과학적 진실 하나만을 감추고 있는 것이 아닙니다.

최근 선진국의 자료에 의하면 '신규' 에이즈 감염자의 70% 이상이 남성 동성애자들입니다. 특히 미국 질병관리본부의 보고에 의하면 '13-24세' 신규 남성 에이즈 감염자인 약 94%가 동성 간 성행위로 감염된 것으로 나타났습니다. 따라서 성과학연구협회는 "동성애는 에이즈를 전파하는 위험행동"이라고 발표했지만 언론에서는 (국민일보를 제외하고는) 이를 결코 보도하고 있지 않습니다.

어떻게 이런 일이 일어날 수 있냐고요? 2011년 9월 23일 국가인권위원회와 한국기자협회가 정한 '인권보도준칙' 때문입니다. 그 안에 '성적소수자(동성애자)를 에이즈 등 특정질환이나 사회적 병리현상과 연결짓지 않는다'는 내용이 들어 있기 때문입니다. 그 결과 2012년 3월 이전에는 언론사들의 동성애 지지보도 비율이 51.75%였으나 그 이후에는 77.25%로 급격이 상승했고, 조만간 90%이상이 되지 않을까 예측됩니다.

즉 '인권'(?)을 내세워 국민들의 알권리를 침해하고 있을 뿐 아니라 호기심 많은 청소년들이 동성애를 거리낌 없이 쉽게 접하도록 부추기고 있는 것이지요.

질병관리본부에 의하면 국내에서 지난 10년 동안 성인 에이즈 감염자 수는 4배, 지난 14년 동안 청소년 에이즈 감염자 수는 26배가 증가한 것으로 나타났습니다. 그래서 2013년 에이즈 감염자 수가 1만 명을 넘어서면서 한국은 공식적으로 '에이즈 확산 위험국가' 가 되었지요.

에이즈 감염자 1인당 평균 평생 5억 원 정도의 치료비용이 소요되는 것으로 추정됩니다. 왜냐하면 에이즈 환자 1명의 에이즈 억제제 약값 비용만 한 달에 약 3백만 원 곧 1년간 약 3천 6백만 원이 되기 때문입니다. 에이즈 환자가 1만 명이면 한 해 이 약값만 3천 6백억 원이고 10만 명이면 3조 6천억 원이 됩니다. 이 모든 비용은 100% 국민 세금으로 부담되고 있습니다. 한국은 에이즈 치료비용을 100% 국민 세금으로 부담하는, 세계적으로 매우 드문 나라입니다.

이러한 사실은 그리스도인을 포함한 온 국민이 알아야 하지 않을까요? 이제부터 K 목사님께서는 '타고난' 동성애자들이라는 허상을 강조하는 대신 동성애에 대한 이러한 심각한 실상들을 언급하면서 시류에 휩쓸리지 않고 예언자적 사명을 잘 감당하셨으면 하는 바람입니다(렘14:14).

6. 교육

미디어와 함께 동성애 확산에 크게 기여하는 분야가 교육입니다. 동성결혼이 합법화된 서구 여러 나라의 교육 현장에서 동성애 문제는 정말 심각합니다. 정도의 차이가 다소 있기는 하지만, 캐나다 일부 주의 커리큘럼을 보면 초등학교 때 생식기 구조를 가르치는데 만 8세 때 동성애가 정상이라고 교육하며, 만 13세 때 구체적으로 항문·구강성교를 가르치고 있습니다.

우리나라 학교 교육에서도 이와 같은 일이 발생할 조짐이 보이고 있습니다. 지난 해 6월 12일 전국의 고1·2 학생들을 대상으로 실시된 전국연합학력평가 사회과 탐구 영역에서 "동성(애) 결혼을 인정해야 한다"는 내용의 시험 문제가 출제되었습니다.

고1 사회과 탐구 '생활과 윤리'에서 '성적 소수자의 인권을 이해하기'라는 의도로 출제된 문제를 보면 경악을 금할 수 없습니다. "㉠~㉤ 중 적절하지 않은 것은?'이라는 질문에 대한 예시가 "㉠ 누구나 자신이 사랑하는 사람과 결혼할 권리가 있기 때문입니다." "㉡ 사회가 개인적인 선택까지 규제해서는 안 된다고 생각합니다." "㉢ 동성애는 성적(性的) 취향만 다를 뿐 우리와 같은 인간이기 때문입니다." "㉣ 동성 결혼은 자연의 섭리에 어긋나고 아이를 낳지 못해 인구를 감소시킬 것입니다." "㉤ 이성 결혼은 허용하면서 동성 결혼을 규제하는 것은 평등 정신에도 어긋납니다."로 나와 있는데 이 중 ㉣ 곧 동성 결혼 반대 입장이 정답(적절하지 않은 것)으로 되어 있습니다.

고2 사회과 탐구 '생활과 윤리'에서도, "성적 소수자들은 우리 대다수의 사람들과 성 정체성이 다를 뿐이다. '나와 다르다'는 것은 '틀린 것'이고 '틀린 것'은 '나쁜 것이다'라는 생각의 틀을 바꿔야 한다. 성적 소수자들의 성 정체성을 전통적인 시각에서 부정적으로 평가하는 것이 과연 옳은가?'를 묻고 있습니다.

따라서 학생들이 시험에서 정답을 맞히기 위해서라도 '동성애'를 인정할 수밖에 없는 구도를 만들고 있는 것이 대한민국의 현실인데, 그렇다면 K 목사님의 지론(持論)대로 우리 그리스도인들은 이러한 사안에 대해 '목소리를 높여서' 도 안 되고 '피켓을 들어서' 도 안 되며 그저 침묵해야 하는 것인지요(눅19:40)?

7. 헨리 나우웬

K 목사님이 '타락한 동성애자들' 과 '타고난 동성애자들' 로 대별하기 위해 들고 있는 마지막논거는 '헨리 나우웬' (Henri Jozef Machiel Nouwen, 1932-1996)입니다. K 목사님은 말씀합니다. "20세기에 가장 영향력 있는 영적 지도자였던 헨리 나우웬은 여섯 살 때부터 자신에게 동성애적 경향이 있음을 알았고 평생토록 그 경향과 싸웠습니다. 그는 다른 동성애자들에게 자신처럼 '거룩한 독신' (holy celibacy)을 선택하라고 권했습니다."

K 목사님은 교회 주일예배에서 그리스도인들을 대상으로 설교하면서 헨리 나우웬을 20세기에 가장 영향력 있는 영적 지도자로 칭송하고 있습니다. 그러면 정말 헨리 나우웬은 우리 그리스도인들이 따라야 할 영적 지도자인 것이 사실인가요?

결코 그렇지 않습니다. 그는 1957년 예수회(제수이트, Jesuit) 사제로 서품을 받은 카톨릭 신부입니다. 예수회는 이냐시오 로욜라에 의해 1534년 8월 15일 설립되었는데 그 목적은 1517년 마틴 루터에 의해 시작된 종교개혁의 모든 흔적들을 파괴시키는 것이었습니다. 예수회원들은 이것을 반종교개혁(the Counter-Reformation)이라 불렀지요. 예수회는 자신들의 이 목적을 달성하기 위해서는 어떠한 수단을 사용해도 된다고, 즉 목적이 수단을 정당화 시킨다고 생각했습니다. 예수회원들은 철저하게 상부의 지시에 따라서만 움직이고 자신들의 최고위직인 총장(General)의 명령에 절대 복종을 맹세하고 있습니다. (이런 예수회주의에 대해 좀 더 잘 알고 싶으시면 에드몽 파리가 쓴 '예수회의 비밀역사' 나 에릭 펠프스가 쓴 '바티칸 암살단' 등을 읽어 보시기 바랍니다.)

다시 말씀드립니다만 헨리 나우웬은 제수이트 신부(神父)이며, 제2차 바티칸공의회의 결정을 신봉하는 종교다원주의자이고, 신세계질서(NWO)를 추구하는 뉴에이저입니다(마23:9; 벧전2:5,9; 요14:6; 행4:12; 계13:1-18). 그리스도인들에게 영적 지도자가 되기는커녕 그리스도인들이 경계해야 하는 '빛의 천사로 가장한 자' 입니다(고후11:14).

그가 집필한 30여권의 저서들 가운데 성경에 반하는 많은 내용들이 나오지만, 지면 관계상 본 메일의 주제인 동성애에 관한 트릭 하나만을 제시하고자 합니다. 헨리 나우웬의 '예수님과 함께 걷는 삶' (IVP 간) 제 1장 '예수님이 사형 선고를 받으시다' (19 P) 중에서 인용합니다.

"창살 안에 한 남자가 있다. 그는 사형선고를 받았다. 그는 이제 '저주받은' 자로 분류되어 더 이상 살 가치도 없는 사람으로 여겨진다. 그는 원수, 반역자, 아웃사이더, 사회의 위험요소가 되었다. 그는 격리되어야 하며 사회생활에서 제외되어야 한다. 왜? 다르기 때문이다. 그는 흑인이고, 흑인들은 위험하다. 그는 동성애자이며 동성애자는 타락한 이들이다. 그는 유대인이며 유대인은 신뢰할 수 없다. 그는 난민이며 난민은 우리 경제를 위협한다. 그는 아웃사이더이며, 우리가 듣기 싫어 하는 말을 하고 오히려 우리가 잊고 싶어 하는 것을 기억나게 한다."

흑인이기 때문에, 유대인이기 때문에, 난민이기 때문에, 아웃사이더이기 때문에 죄인이 될 수는 없는 일이지요. 그런데 헨리 나우웬은 거기에 동성애자를 슬쩍 끼워 넣고 있습니다. 즉 동성애는 죄가 될 수는 없다는 논리를 교묘하게 집어넣고 있는 것이지요.

비록 헨리 나우웬은 19년 전에 죽었지만 그가 취했던 이와 같은 방식은 오늘날에도 끊임없이 재현되고 있습니다. 일례로 헨리 나우웬과 같은 제수이트인 프란치스코 교황의 동성애 관련 행보를 들 수 있는데요, 그는 지난 1월 스페인의 트랜스젠더와 그의 약혼자를 교황청으로 불러 접견하였고 7월 11일 파라과이 수도 아순시온에서 열린 교황과 시민사회 단체 대표들과의 만남에 동성애자이며 동성애 인권단체 소모스게이 대표인 시몬 카살을 참석토록 하여 동성애를 통한 신세계질서(NWO)의 확산에 기여하고 있습니다.

그래서 어찌 보면 K 목사님이 헨리 나우웬에 대해 "가장 영향력 있는 영적 지도자"라고 한 말은 세상 사람들의 입장에서 보면 맞는 것인지도 모르겠습니다(사5:20).

8. 타락한 동성애자

K 목사님은 말씀합니다. "'타락한 동성애'는 타락한 이성애와 마찬가지로 혐오의 대상입니다. 그러나 '타고난 동성애'에 대해서는 그렇게 대하지 말아야 합니다."

제가 이미 '타고난 동성애'란 꾸며낸 이야기임을 말씀드렸는데요, 그러면 결국 동성애는 '타락한 동성애'만 남게 됩니다.

2000년 커밍아웃 한 유명한 한 연예인이 2007년 5월 17일 서울대 특강에서 "중고등학교 때 관계를 가진 남자 선배들이 300명은 넘을 것"이라고 하였습니다. 또한 "우리(동성애자)가 4년 사귄 거면 스트레이트(이성애자)가 40년을 사귄 것이나 마찬가지"라고 말했습니다. 그런데 그는 자신의 동성애 삶을 고백한 책에서 자기의 삶과 사랑이 이성애자들과 다르지 않다고 말합니다. 그의 사랑은 사회의 따가운 편견 앞에서 시련을 겪지만 그는 단지 사랑을 할 뿐이라고 합니다.

자신의 사랑을 있는 그대로 인정해 달라고 하는 이 동성애자를 K 목사님은 어떠한 수식어를 붙여 표현하실지 궁금합니다.

성경은 말씀합니다. 동성애는 죄다(창19:5; 레18:22,23; 20:13; 신23:17,18; 삿19:22,23; 왕상14:24; 15:12; 22:46; 왕하23:7; 욥36:13,14; 롬1:26,27; 고전6:9,10; 딤전1:10, 유1:6,7).

> 고전6:9,10 _ "불의한 자가 하나님의 왕국을 상속받지 못할 줄을 너희가 알지 못하느냐? 속지 말라. 음행하는 자나 우상 숭배자나 간음하는 자나 여성화된 남자나 남자와 더불어 자신을 욕되게 하는 남자나 도둑질하는 자나 탐욕을 부리는 자나 술 취하는 자나 욕하는 자나 착취하는 자들은 하나님의 왕국을 상속받지 못하리라."

> 딤전1:9,10 _ "이것을 알라. 곧 율법은 의로운 사람으로 인해 만들어지지 아니하고 오직 법을 무시하는 자와 불순종하는 자와 경건치 아니한 자와 죄인과 거룩하지 아니한 자와 속된 자와 아버지를 죽이

는 자와 어머니를 죽이는 자와 사람을 죽이는 자와 음행을 일삼는 자와 남자와 더불어 자기를 더럽히는 자와 사람을 납치하는 자와 거짓말하는 자와 위증하는 자와 그밖에 무엇이든지 건전한 교리에 역행하는 것으로 인해 만들어졌느니라."

그렇습니다. 동성애는 음행, 우상 숭배, 간음, 도둑질, 탐욕, 술 취함, 욕, 착취, 살인, 납치, 거짓말 등을 비롯하여 그밖에 무엇이든지 건전한 교리에 역행하는 것들과 함께 우리가 끊어버려야 할 '죄'입니다(살전5:22).

9. 판단

그러나 K 목사님은 다음과 같이 얘기합니다. "이런 점에서 생각한다면, '무엇 무엇은 죄다'라는 표현은 조심해야 할 표현 중 하나입니다. 자살은 죄다, 이혼은 죄다, 살인은 죄다, 혹은 동성애는 죄다. 모두 그렇습니다. 너무도 모호하고 혼란스럽습니다. 그 한 문장으로 충분하지 않습니다. 그 안에 진실이 담겨 있기는 하지만, 아주 속기 쉽고 또한 속이기 쉬운 말입니다."

즉 K 목사님은 동성애뿐 아니라 모든 죄에 대한 판단을 유보하라고 하시는 것인데요, 비단 K 목사님뿐이겠습니까. 동성애옹호론자들은 동성애가 죄라고 지적하는 그리스도인들을 향해 목회자의 간통과 같은 죄악들이 기독교 안에 넘쳐나고 있는데 이러한 죄들을 덮기 위해 기독교인들이 동성애를 혐오하는 것이라 하기도 합니다. 물론 이러한 조소는 들어도 마땅하지요. 한국 교회가 그다지 건강하지 못한 것도 사실이니까요.

그러나 만약 동성애가 죄로 규정되지 못한다면 (일반 사회에서보다는 덜 하겠지만) 교계에도 자주 발생하는 온갖 성적 범죄도 정죄할 근거가 사라지게 됩니다. 아울러 성경적 결혼의 정의가 깨져 중혼이 가능해지고 (동성결혼이 합법화된 유럽 국가들에서 보듯) 수간이나 근친상간이 허용되기도 합니다. 결국에는 성적인 죄악뿐 아니라 모든 죄를 (다 나름대로의 상황윤리가 있을 수 있기 때문에) 죄라고 할 수가 없게 되는 것입니다(딤후4:3,4).

그렇게 되면 궁극적으로 예수님이 필요 없게 되는 것이지요(마1:21; 눅5:32). 곧 동성애옹호론자들의 최종 목표(NWO)가 이뤄지게 되는 것입니다.

만약 사도 바울이 없었다면 오늘날 기독교는 존재하지 못하였을 거라는데 아무도 이의를 제기할 수 없을 겁니다. 그런데 바울은 자신을 죄인들 중 우두머리라 칭하고 있습니다(딤전1:15). 그럼에도 불구하고 그는 끊임없이 성도들에게 죄를 판단하여 회개의 삶을 살아가도록 권면하고 있습니다(고전6:2; 고후7:9,10; 12:21).

우리도 마찬가지입니다. 주님 다시 오시기 전까지 모두들 죄로부터 자유로울 수 없지만 끊임없이 죄와 싸우되 '피 흘리기까지' 싸워야 하는 것입니다(히12:4).

10. 사랑

다시 말씀드리자면 분신자살을 해서라도 동성애를 막아야 한다고 주장하는 일부 미성숙한 그리스도인처럼 동성애자를 대해야 한다는 뜻이 결코 아닙니다.

아울러 K 목사님의 주장 곧 '동성애가 인간이 짓는 다른 죄와 다르지 않다는 생각' 과 '그들의 고통과 번민에 공감하는 것' 에 머무는 것이 아니라 이를 넘어서서 진정 동성애자들을 참된 사랑으로 사랑하여야 한다는 것입니다.

저는 오랜 기간 동성애자로서의 삶을 살다가 예수님을 인격적인 구원자와 주님으로 영접한 후 동성애의 굴레에서 벗어나 참된 기쁨과 평강의 삶을 살아가고 있는 탈(脫)동성애자들을 적지 않게 알고 있습니다. 그들은 이구동성으로 '탈동성애' 만이 진정한 동성애 해결책이라고 얘기하고 있습니다.

그렇습니다. 동성애자들에 대한 진정한 사랑은 그들이 복음을 통해 동성애의 죄로부터 벗어나 '탈동성애자' 가 되도록 돕는 것입니다(요 1:12; 3:16; 고전15:1-4; 고후5:17; 요일1:6-10).

J 교수님이나 저나 모든 그리스도인들이 복음에 빚진 자로서 동성애자들을 위해 기도하고 그들을 그리스도의 사랑으로 섬기며 그들이 동성애의 속박으로부터 해방되어 참된 자유함을 누릴 수 있도록 도와주어야 할 것입니다(롬1:14; 6:15-22; 요일3:23; 요8:32). 이것이 진정 주님께서 원하시는 바가 아니겠습니까?

긴 글 읽어 주셔서 감사합니다. 그리고 혹시 제 메일에 대해 답변을 주신다면 이번에는 제가 초코 셰이크를 사도록 하겠습니다.

주후 2015년 7월 20일 TH 드림

인공지능과 불로장생

1. 들머리

인간은 누구나 한번 태어난 이상 늙어가고 결국에는 이 세상을 떠나야 한다는 사실을 잘 알고 있다. 그러나 죽음에 이르는 노화의 과정과 그 결말인 죽음에 대해서는 가능한 한 늦추어 보려 하는 것이 모든 인간의 본성이기도 하다. 그래서 장수에 관한 온갖 이론과 방법론이 고대로부터 수없이 인구에 회자되어 오고 있으며 더 나아가 불로장생(不老長生)이나 불로불사(不老不死)까지 추구가 되어 온 것이다.

예를 들어 삼천갑자(三千甲子)를 살았다고도 하고, 서왕모(西王母)의 복숭아를 훔쳐 먹어 죽지 않게 되었다고도 전해지는 동방삭(東方朔, 기원전 154년 ~ 기원전 92년)이나 불로불사의 약인 줄 알고 수은을 먹어 자신의 생명까지 단축한 진시황제(秦始皇帝, 기원전 259년 1월 ~ 기원전 210년 음력 7월 22일)에 대해서는 우리가 익히 들어 왔었다.

또 1710년 유럽에 처음 등장한 후 '인류 최후의 연금술사' 또는 '절대 죽지 않는, 모든 진실을 전부 아는 사나이' 라고 칭해지는 생제르맹 백작(Comte de Saint-Germain)의 이야기도 끊임없이 현재형으로 우리에게 들리고 있다.

그런데 21세기의 화두인 인공지능(人工知能, artificial intelligence, AI)이 놀랄 만한 발전을 하면서 이제는 더 이상 불로불사가 손에 잡히지 않는 전설 속의 이야기가 아니라 과학적으로 성취 가능한 어젠다(agenda)로 우리에게 다가오고 있다.

따라서 이 글에서는 인공지능을 통해 불로장생을 꿈꾸는 첨단 과학의 역사와 현주소를 먼저 살펴보고 이 엄청난 사건에 대한 성경적 진단을 내려 보고자 한다.

2. 인공지능

인공지능 곧 '생각하는 기계' 에 대한 초기 연구는 1930년대 후기에서부터 1950년대 초기에 유행한 아이디어로부터 영감을 얻어 시작이 되었다. 당시 신경학의 최신 연구는 실제 뇌가 뉴런(neuron)으로 이루어진 전기적인 네트워크라고 보았기 때문에 수학, 철학, 공학, 경제 등 다양한 영역의 과학자들에게서 인공적인 두뇌의 가능성이 논의되었다.

그러던 중 1950년 (영국의 수학자, 암호학자, 논리학자이자 컴퓨터 과학의 선구적 인물인) 앨런 튜링(Alan Mathison Turing)은 생각하는 기계의 구현 가능성에 대한 분석이 담긴 논문(Computing Machinery and Intelligence)을 철학 저널 마인드(Mind)에 발표하였다. 그는 인공지능의 역사에서 기념비적이라 할 수 있는 이 논문에서 기계가 지능적이라고 간주될 수 있는 조건을 다음과 같이 언급했다.

"기계가 생각할 수 있는가?"라는 질문에 대해 그는 긍정적이라고 답변하면서, "컴퓨터가 생각할 수 있다면 그것을 어떻게 표현해야 하는가?"라는 핵심 질문에 대해 "컴퓨터로부터의 반응을 인간과 구별할 수 없다면 컴퓨터는 생각(思考, thinking)할 수 있는 것"이라고 주장하였다. 만일 지성 있는 사람이 관찰하여 기계가 진짜 인간처럼 보이게 하는 데 성공한다면 확실히 그것은 지능적이라고 간주해야 한다는 주장이다. 이러한 튜링 테스트(Turing test)는 인공지능에 대한 최초의 심도 깊은 철학적 제안이라 할 수 있다.

이후 인공지능 연구는 수많은 부침이 있었지만 정보통신기술(情報通信技術, ICT, Information and Communication Technology)의 발달과 더불어 꾸준히 발전하여 다양한 종류의 지능적 프로그램이 나오게 되었는데, 대중적으로 잘 알려진 것으로는 필자가 근무하는 병원에서도 사용하고 있는 왓슨(Watson)이나 바둑 인공지능인 알파고(AlphaGo) 등을 꼽을 수 있겠다.

3. 레이 커즈와일

알파고의 유명세와 더불어 21세기 인공지능 연구 분야에서 가장 이름이 알려진 인물은 바로 알파고를 만든 구글의 엔지니어링 이사 레이 커즈와일(Raymond "Ray" Kurzweil)이라 할 수 있을 것이다. 그가 세인의 스포트라이트를 받는 이유는 알파고 때문만이 아니라 세계 최고의 발명가이자 미래학자로서 놀라운 주장을 하고 있기 때문이다. 즉 인간을 뛰어넘는 인공지능이 개발되면 그 이후는 인공지능이 스스로 더 뛰어난 인공지능을 만들고 폭발적인 성장을 이루게 되어 인류는 이제껏 한 번도 경험해보지 못한 황금기를 맞이하게 될 수 있다고 주장하기 때문이다.

30년간 미래예측 적중률 86%를 보인 IQ 165의 레이 커즈와일은 수많은 세계 유명 CEO들로부터 천재라 불리기도 하는데 2045년까지 그가 예측한 미래를 보면 다음과 같다.

(이미 그가 예언한 대로 2010년대 초반 컴퓨터가 사물에 심어지고 무선 통신을 활용하며 증강현실이 이뤄졌는데) 2020년대 초반에는 (영화 매트릭스처럼 완벽한 건 아니지만 청각에 국한된) 가상현실이 대중화 될 것이다.

2020년대 말에는 나노 기술을 이용하여 인체 장기를 보강하거나 교체할 수 있고, 신체에 필요한 영양소를 계산하여 나노봇(nanobot)으로 몸에 공급하거나, 혈구를 나노봇으로 교체하여 면역력과 호흡능력 등을 높일 수 있다.

2029년 '사람 뇌와 같은 수준의 인공지능 컴퓨터'가 개발되며, 2030년대에는 나노봇을 통한 뇌의 기능 보강, 매트릭스와 비슷한 가상현실

접속, 자신의 감각 전송 등이 이뤄지며, 2030년대 말에는 뇌의 정보를 그대로 컴퓨터에 업로드 할 수 있다. 또한 2030년~2040년대에 이르면 분자 단위로 물체의 조립과 해제가 가능한 나노 기술로 신체를 마음대로 개조할 수 있다.

그래서 2045년까지는 뇌를 클라우드와 연결해 기억을 분산 저장하게 되어 인류는 불로장생을 하게 된다는 것이다.

4. 특이점

1950년대 처음 등장한 특이점(特異點, singularity)이란 개념이 대중에게 널리 알려지게 된 것은 커즈와일이 2005년에 펴낸 책(The singularity is near)을 통해서인데 그 정의는 (옥스퍼드 사전에 따르면) "인공지능을 비롯한 기술들이 발전해 인류가 '극적이고 불가역적인 변화'(dramatic and irreversible change)를 겪게 되는 가설적 순간" 이다.

아직 일반인들에게는 이 특이점이란 말이 생소하지만 오늘날 수많은 세계적 리더들은 이러한 예측에 공감하고 있다. 예를 들어 2030년대 특이점 시대를 예상하는 손정의 소프트뱅크 회장은 엄청난 기회를 잡기 위해 인공지능, 로봇, 사물인터넷 분야에 1천억 달러의 투자 계획을 세웠다. 또한 인공지능에 의한 인간 파멸을 경고하는 일론 머스크(Elon Reeve Musk) 등은 파국을 막기 위해 오픈에이아이(Open AI)라는 업체를 10억 달러를 들여 설립했다. 그 목적은 인간에게 이로운 인공지능을 연구 개발하기 위한 것으로 여기엔 장래 인공지능이 인간의 지능 수준을 넘어설 수 있으며 인류에 적대적으로 대항할 수 있다는 전제가 깔려 있다.

그러나 커즈와일은 2017년 10월 인터넷언론 '퓨처리즘'(futurism)과의 인터뷰에서 "특이점의 순간이 오면 인간의 지능은 우리가 창조한 지능과 통합돼 10억 배 높아질 것이며 앞으로 인간 수준의 지능을 갖춘 컴퓨터가 뇌에 이식되고 클라우드와 연결되면서 인간 존재를 확장시킬 것"이라며 "이건 미래 시나리오가 아니라 부분적으로는 지금 일어나고 있는 일"이라고 역설하고 있다.

그런데 그의 주장의 독특한 점은 많은 과학자들과 미래학자들이 인간과 같은 지능을 가진 인공지능의 출현이 인류를 위협할 것이라고 생각했던 것과 달리 '인공지능과 인간의 두뇌가 자연스럽게 하나가 될 것'이라고 본다는 것이다. 그의 표현을 따르자면 "인간은 점점 기계처럼 될 것이고, 기계는 점점 인간처럼 될 것이다."

5. 인간과 기계의 합일

즉 우리의 뇌를 영화 '매트릭스'에서처럼 인터넷에 연결할 수 있게 되면 우리 모두는 각자 더 독특한 존재가 될 수 있을 거라는 주장이다. 다시 말해 인공지능은 앞으로 인류와 함께 살아가는 도구로 우리의 지적, 신체적 한계를 넓혀주는 역할을 한다는 것이다. 우리 조상들이 무거운 돌을 옮기는 도구로 기중기를 만들어 썼듯이 인류의 어려운 문제 해결을 도와주는 도구로 인공지능을 사용할 수 있다는 것이다.

예컨대 모든 언어를 정확하게 번역해주는 인공지능이 탄생해 전 인류가 소통할 수 있게 되며, 대뇌피질을 보조하는 나노봇들을 뇌에 주입해 지능을 엄청나게 높이면 옛날에는 천재들조차도 오랜 시간을 걸려 노력해야만 풀 수 있던 문제를 약간의 노력만으로도 풀 수 있게 된다고 한다.

또한 단순히 지능을 높이는 것뿐만 아니라 인터넷 데이터베이스에 생각만으로 접근하거나, 컴퓨터의 연산능력을 빌리거나, 다른 사람과 의식을 공유할 수 있게 되어 우리는 인공지능과 '하나'가 될 수 있다는 것이다.

이후 인공지능과 결합한 인간은 지금까지 인류와 전혀 다른 '포스트휴먼'(post-human)으로 탄생한다는 게 커즈와일의 핵심 주장이다.

그렇다면 모든 인간사에 대해 결코 침묵하고 있지 않는 성경에서는 이 전대미문(前代未聞)의 엄청난 사건에 대해 어떻게 말씀하고 있는지 다니엘의 말을 통해 살펴보기로 하자.

6. 성경의 예언

"오 왕이여, 왕이 보셨사온대, 보소서, 큰 형상이니이다. 이 큰 형상이 왕 앞에 섰는데 그것의 광채가 뛰어나며 그것의 형태가 두려웠고 이 형상의 머리는 정금이요, 그의 가슴과 두 팔은 은이요, 그의 배와 두 넓적다리는 놋이요, 그의 두 다리는 쇠요, 그의 두 발은 얼마는 쇠요, 얼마는 진흙이었나이다. 왕이 보셨는데 마침내 손을 대지 아니하고 깎아 낸 돌이 그 형상을 치되 쇠와 진흙으로 된 그의 두 발을 쳐서 그것들을 산산조각 내매 그때에 쇠와 진흙과 놋과 은과 금이 다 산산조각 나서 여름 타작마당의 겨같이 되어 바람에 쓸려감으로 그것들의 자리를 찾지 못하였고 그 형상을 친 돌은 큰 산이 되어 온 땅을 채웠나이다."(단2:31-35)

바빌론의 느부갓네살 왕이 꾼 이 금속 형상에 관한 꿈은 형상의 머리부터 발까지 순서대로 세상 왕국이 일어날 것이라는 내용이다(단2:36-45). 그런데 다섯 번째 왕국 곧 쇠(iron)와 진흙(clay)으로 된 두 발에 대한 이해를 보다 잘 하기 위해서는 '우리는 매트릭스 안에 살고 있나'의 편집자 글렌 예페스(Glenn Yeffeth)의 어휘정리를 참고하면 좋을 것이다.

예페스는 인공지능을 '단순히 인간에 의해 프로그램된 것을 넘어 사고하고 창조할 수 있는 기계'라 정의하면서 이것이 인간과 똑같이 사고할 수 있는 지능적 기계라고 할 때 인간과의 차이는 생리학적 육체뿐이라고 설명한다. 즉 인간은 '유기체'이고 인공지능은 '금속체'라는 것이다.

그렇다면 탄소, 수소, 산소 등으로 구성된 유기체는 곧 흙(Adam)이며 금속체는 쇠(iron)로 대표된다고 볼 수 있다. 따라서 세상의 마지막 때는 바로 인간과 인공지능인 기계와의 합일을 도모하는 시점인 것이다.

그리고 이 인간과 기계가 서로 완전히 결합될 것 같은 순간에 '손을 대지 않고 깎아낸 돌' 곧 주 예수님이 재림하심으로 인해 세상왕국은 멸망하고 주님의 왕국이 영원히 서게 될 것이다(단2:43-45).

7. 이스라엘

성경은 일점일획도 틀림이 없는 진리의 말씀이기 때문에 성경의 예언은 100% 성취가 된다(마5:18; 24:34,35; 요17:17; 벧전1:25). 이미 성경 속 수많은 예언들이 역사 속에서 다 이뤄져 왔고 한 가지만 아직 성취되지 않고 남아 있는데 그것은 바로 예수님의 재림이다(계22:20).

신약성경에서는 예수님의 재림에 대한 내용이 300번 이상 기록되어 있고, 구약성경에서도 선지서들, 욥기, 모세 오경, 시편 등에 종말과 재림에 관한 내용이 자주 등장하고 있다. 단 한 번만 성경에 기록이 되었어도 그 말씀이 성취가 되는 것인데 성경전체를 통해 수없이 강조된 예수님의 재림이야 어떻겠는가. 재림은 반드시 이루어질 수밖에 없는 것이다. 그런데 문제는 그 시기이다. 이미 인공지능의 관점에서 확인하였듯이 그 때가 정말로 얼마 남지 않았다.

예수님의 재림을 예측하는 많은 도구들이 있을 수 있지만 유대인인 커즈와일을 위해서는 이스라엘의 역사만큼 좋은 것도 없지 않을까 생각한다(마24:32-34).

AD 70년 로마의 디도(Titus) 장군에 의해 예루살렘 성전이 함락된 후 1,878년 동안 나라를 잃어버리고 세계 곳곳에서 유리방황(流離彷徨)하던 이스라엘이 1948년 5월 14일 자기들이 떠났던 곳으로 되돌아와 독립한 사실은 바로 성경예언의 성취 외에는 달리 설명할 수가 없다.

그리고 1967년 6일 전쟁(제3차 중동 전쟁)에서 이스라엘은 자기보다 수십 배나 군사력이 강한 아랍연합국에 기적적인 승리를 거두었다. 그리하여 이집트로부터 가자 지구와 시나이 반도를, 요르단으로부터 동예루살렘과 요르단 강 서안 지구를, 시리아로부터 골란 고원을 획득한 후 예루살렘 전체를 수도로 천명할 수 있었다.

그러나 미국을 포함한 국제사회는 예루살렘 전체가 수도라는 이스라엘 측의 주장을 인정하지 않았는데, 2017년 12월 6일 도널드 트럼프 미국 대통령이 예루살렘을 이스라엘 수도로 인정한다고 공식 선언했다. 그리고 이스라엘 건국 70주년을 맞아 2018년 5월 14일 텔아비브에 있던 미국 대사관을 예루살렘으로 이전하였다. 또한 얼마 전 브라질 대선에서 승리한 자이르 보우소나루 당선인도 11월 1일 "이스라엘은 자국 수도를 결정할 주권적 권리가 있다"면서 "국제사회에서 이스라엘을 지지할 것이며 미국과 과테말라의 전례에 따라 대사관 이전을 추진할 것"이라고 밝혔다.

8. 성전

이와 같은 이스라엘의 역사에서 우리는 하나님께서 친히 당신의 시간표대로, 곧 성경에 기록된 대로 역사를 주관하고 계신다는 사실을 깨닫게 된다. 예루살렘이 이스라엘의 수도로 세계적인 지지를 받게 되면 지난 2천 년간 유대인들이 학수고대(鶴首苦待)해 왔던 제3성전이 성경에 예언된 대로 예루살렘에 건립될 것이다(단9:27; 마24:15; 살후2:4).

그런데 유대인들이 예루살렘에 성전을 건축하려는 강한 열망을 갖고 있는 이유는 한마디로 성전은 그들과 분리할 수 없는 신앙의 중심이기 때문이다. 즉 유대인들에게 있어서 예루살렘 성전은 하나님의 통치가 이루어지는 곳이자 하나님의 보호와 인도를 받고 있다는 의미, 선택받은 백성으로서 하나님의 언약이 지켜지고 있다는 복된 의미가 담겨져 있는 곳이기 때문이다(삼하7:11-17). 여기에 더하여 성전 건축은 메시아 출현과 밀접한 연관이 있는데 메시아가 나타나야 하나님의 약속이 실현되는 평화와 번영의 왕국이 도래되기 때문이다(단2:44; 7:13,14; 시72:1-20; 사 2:1-4; 32:1-4,15-20; 슥14:16-21).

정통 유대인들은 성전 건축을 위하여 2005년 산헤드린(Sanhedrin)공회를 구성하였고 이어 성전설립위원회를 조직하여 성전 건축을 위한 설계도를 2009년 6월 건축가 슈무얼 발삼(Shmuel Balsam)에게 의뢰하였다. 그리고 현재는 유전자 검사를 통해 그 직무를 감당할 레위지파 혈통을 찾아내었고 그에게 제사 직무에 대한 교육을 시키고 있으며 성전 건축 재료와 기물들을 모두 준비하여 놓았다.

그러던 중 2018년 8월 28일, 거룩한 산에서 드리던 예배를 다시 드리기 위해서 반드시 필요한 '붉은 암송아지'(red heifer)가 태어나게 되었다(민19:1-10). '성전연구소'(The Temple Institute)에 따르면 이 붉은 암송아지는 다른 붉은 앵거스(Angus) 소의 냉동 배아를 이스라엘 국내산 소에 이식해서 얻었다고 한다. 모세 이후 정화수를 만드는 데 사용된 붉은 암송아지는 단지 9마리였기 때문에 이번에 태어난 것은 10번째에 해당이 되는데, 중세의 유명한 유대인 학자 마이모니데스(Rabbi Moshe ben Maimon; Maimonides)는 이 열 번째 붉은 암송아지에 대해 다음과 같이 말했었다. "열 번째 붉은 암송아지 제사는 메시아 왕에 의해 이뤄질 것이고, 속히 드러날 것이다. 아멘, 하나님의 뜻은 반드시 이뤄진다."

9. 마무리

인공지능을 통해 불로장생을 추구하고 있는 커즈와일은 진화론자와 범신론자로서 성경을 믿지 못하고 있다. 커즈와일뿐 아니라 수많은 세상 사람들이, 심지어는 대체신학을 받아들인 신실한 그리스도인조차도 성경에 나타난 이스라엘의 회복을 문자 그대로 믿지 못하고 있다.

그러나 이스라엘은 성경의 예언대로 회복이 되기 시작하였으며 대환난기를 거쳐 완전한 회복을 이루게 될 것이다(신4:27,30; 사43:5,6; 49:11,12; 60:4,8; 렘16:13-15; 30:3; 겔36:24,25; 39:28; 슥2:12; 마24:32-34; 눅21:24; 롬11:25).

그렇다면 이 말세지말(末世之末, 딤전4:1; 6:20)에 예수님(마1:21)을 구원자와 주님으로 영접하여 이미 영생(永生, 不老不死)을 보장 받은 우리 그리스도인들은 커즈와일과 같이 인간의 어떠함(行爲救援, 自力救援)으로 영생을 추구하려는 이들(宗敎人)에게 무슨 말을 해주어야 할까?

> "**예수님**께서 그에게 이르시되, 내가 곧 길이요 진리요 **생명**(life)이니 나를 통하지 않고는 아무도 아버지께 오지 못하느니라."(요14:6)

> "**영생**(life eternal)은 이것이니 곧 그들이 유일하신 참 하나님인 아버지와 아버지께서 보내신 자 **예수 그리스도**를 아는 것이니이다."(요17:3)
> "네가 만일 네 입으로 주 **예수님**을 시인하고 하나님께서 그분을 죽

은 자들로부터 살리신 것을 네 마음속으로 **믿으면 구원**을 받으리니 사람이 마음으로 **믿어** 의에 이르고 입으로 시인하여 **구원**에 이르느 니라."(롬10:9,10)

3

3부 _ 성경 속 과학

참 빛

성경 속 유전공학

성경 속 불임

참 빛
(the True Light)

1. 들머리

빛이 없는 세상을 생각할 수가 있을까? 어둠을 걷어가는 한 줄기 햇살이나 어두운 밤 구름이 걷히면서 내리쬐는 달빛을 예찬한 시인들의 노랫말을 듣지 않더라도 우리는 우리의 기본적 인식과 판단이 빛에 의해서라야 그 기능이 가능해짐을 잘 알고 있다. 즉 모든 물질의 존재는 바로 빛에 의해서 그 의미와 가치가 부여되고 특히 우리의 건강과 생명을 보존하는 데 빛이 필수불가결한 요소임은 주지의 사실이다.

그래서 물리학이 발달하지 않은 고대로부터 최첨단 과학시대인 21세기 오늘에 이르기까지 인간의 역사 속에서 이 빛에 대한 관심은 끊이지 않아 왔다. 다시 말해서 빛의 조명을 통해서 우리의 인식세계가 가능하게 되므로 빛의 근원적 탐구로써 철학적 명제도 풀어볼 수 있으리라는 기대가 인류에게는 늘 있어 왔던 것이다.

그러나 지금까지 인간이 빛을 추구하고 탐구하며 발견하였던 수많은 데이터들은 그 자체로써 우리를 '참 빛'(the true Light)으로 인도해 주지 못하였다. 하지만 하나님의 은혜로 '참 빛'을 먼저 받은 이들은 여기에 하나님의 말씀이 비추일 때 (물론 다른 어떤 아이템들에서와 마찬가지로) 진리가 더욱 명확히 드러나게 됨을 확인할 수 있었다.

따라서 이 글에서는 빛에 대하여 일반적인 물리학적 고찰을 하고난 후 또한 이를 성경적인 관점으로 해석해봄으로써 아직 '참 빛'이 무엇인지 모르는 이들이 깨닫고 '참 빛'을 받아들일 수 있도록 도움을 주고자 한다(딤후3:16; 요1:9; 요일2:8). 아울러 이미 '참 빛'을 소유한 이들도 빛의 과학적 고찰을 통해 매일의 삶 속에서 빛의 진정한 가치와 존재를 느끼며 더욱 굳건한 믿음의 삶을 살아갈 수 있었으면 한다.

2. 빛(light)

빛은 본래 파장이 0.4~0.75 μm인 가시광선(visible rays)을 말하지만 넓은 의미로는 자외선(ultraviolet rays)과 적외선(infrared rays)도 포함한다. 전파 속도는 진공 중에서 초속 약 30만km(299,790.2±0.9km/s)에 달하며 물질 중에서는 물질의 굴절률에 반비례하게 된다. 그리고 음파나 무선용 전파에 비하여 파장이 짧아 균일한 매질 내에서는 거의 직진한다. 그래서 일반적으로 빛을 광선(光線)이라 하고, 이에 반하여 빛을 파동으로 고찰하는 경우에는 광파(光波)라 한다.

또한 일정한 파장의 빛은 각각의 파장에 대응하는 색감(色感)을 주게 되므로 파장이 모두 같은 빛을 단색광(單色光), 단색광이 혼합된 보통 빛을 복합광(複合光)이라 한다. 복합광은 프리즘이나 회절격자를 통해 단색광으로 나눌 수가 있는데 이렇게 나누어 배열한 것을 이 빛의 스펙트럼이라고 한다. 그런데 우리가 이 땅에서 느끼는 빛의 근원은 우주에서 오는 복사에 의한 소량의 빛과 지구에 도달하는 소량의 별빛을 제외하고는 대부분 지구가 속한 태양계의 중심인 태양으로부터 오는 것이다. 그러므로 빛에 대하여 보다 깊은 이해를 하기 위해서는 먼저 햇빛을 내보내는 태양에 대한 기본적인 물리적 자료들부터 살펴보는 것이 순서일 것이다.

3. 태양(sun)

태양은 태양계에서 가장 특기할 만한 존재로서 태양계의 약 98%에 해당하는 질량을 차지하는 거대한 천체이다. 그 직경은 140만km로서 지구의 109배에 상당하고 부피는 130만 배에 달한다. 그러나 밀도의 차이 때문에 태양의 무게는 지구 무게의 33만 배 정도밖에 되지 않는다. 또 1회 자전하는 데 25일이 걸리므로 태양의 하루는 지구의 25일에 해당된다.

지구에서 태양까지의 평균 거리는 1억5천만km로서 지구에서 달까지의 거리의 400배나 된다. 즉 지구에서 태양까지는 걸어서 4,000년, 비행기로 20년, 초속 7km 속도의 우주선으로 250일, 빛으로는 8분 19초가 걸리게 된다. 관찰할 수 있는 가장 외층을 광구(photosphere)라 부르는데 그 온도는 섭씨 6천도나 되며 여기저기서 에너지의 분출이 일어나기 때문에 태양의 표면은 얼룩덜룩하게 보인다.

태양 에너지는 태양의 깊숙한 곳에 있는 핵으로부터 생성되는데 이곳에서는 온도(섭씨 1,500만도)와 압력(지구의 해수면 대기압의 3,400억 배)이 매우 높아 핵반응이 일어날 정도이다. 태양은 너무나 밝기 때문에 지구상의 물체를 기준으로 해서 그것의 밝기를 표시한다는 것은 매우 어렵다. 따라서 우리 눈과 태양 사이에 아무리 밝은 전등을 놓는다 하더라도 그것은 흰 원반 위의 검은 점같이 보일 것이다.

태양 표면의 일 평방미터는 계속해서 10만 마력의 에너지를 생산해 낼 수 있는 열을 복사하고 있다. 그래서 태양으로부터 멀리 떨어져 있는 지구가 받고 있는 태양열의 복사는 고작해야 태양이 방출하는 빛과 열의 22억 2천 2백만 분의 1에 불과할 뿐이지만 지구에 전달되는 태양열은 매년 30m 정도 두께의 얼음을 녹여 버릴 수 있을 정도로 강력하다.

4. 지적 설계자(the intelligent Designer)

그런데 만약 이와 같은 태양의 질량, 직경, 밀도 및 방출하는 빛과 에너지가 지금보다 조금이라도 많거나 적다면, 또는 태양이 지구에 조금이라도 가깝거나 멀다면, 또는 태양주위를 도는 지구의 궤도(orbit)가 원형이지 않고 다른 행성들처럼 타원(ellipse)이라면 우리가 현재 살아오고 있는 이 지구는 너무 뜨겁거나 추워서 생명체가 살기에 적합하지 않은 곳이 되었을 것이다. 왜냐하면 모든 생물이 특별한 문제없이 화학적으로 반응하며 살아갈 수 있는 온도의 범위는 매우 제한되어 있기 때문이다.

그렇다면 이와 같은 태양과 빛에 연관된 물리적 지표들이 우연이나 확률 또는 오랜 시간의 산물일 수 있을까?

결코 그럴 수 없다. 지면관계상 수많은 과학적 데이터들을 다 언급할 수 없지만 물리학, 화학, 생물학, 천문학, 지질학 등 우리가 관찰할 수 있는 모든 과학적 지표들은 (앞서 간단히 빛과 태양에 대해 살펴본 바와 마찬가지로) 이 우주에는 '지적 설계자'(intelligent designer)가 존재함을 너무나도 잘 드러내주고 있다.

그렇다, 성경은 바로 이 우주의 지적 설계자(the intelligent Designer)이신 하나님을 당당히 선포한다.

> "처음에 하나님께서 하늘과 땅을 창조하시니라."(창1:1)

또한 성경은 창조주 하나님께서 말씀으로 빛과 태양을 창조하심을 보여준다.

> "하나님께서 이르시되, 빛이 있으라 하시니, 빛이 있었고 하나님께서 그 빛을 보시니 좋았더라."(창1:3-4상)

"하나님께서 이르시되, 하늘의 궁창에 광체(光體)들이 있어서 낮과 밤을 나누고 표적과 계절과 일자(日字)와 연한(年限)을 나타내는 표가 되라. … 하나님께서 커다란 두 광체를 만드사 큰 광체로 하여금 낮을 다스리게 하시고 작은 광체로 하여금 밤을 다스리게 하시며 또 별들도 만드시고"(창1:14, 16)

5. 빛이신 하나님(God is light)

이처럼 하나님께서는 모든 빛과 모든 생명의 근원이 태양이 아니라 하나님 자신임을 보여주시기 위해서 태양이 창조되기 이전에 빛이 존재하도록 하셨다.

"그런즉 우리가 그분에게서 듣고 너희에게 밝히 드러내는 소식이 이 것이니 곧 '하나님은 빛이시요'(God is light), 그분께는 어둠이 전혀 없다는 것이라."(요일1:5)

그렇다. 하나님은 빛이시기 때문에 그분 안에는 어두움이 조금도 존재할 수 없다. 따라서 인간이 만들어낸 어떤 불빛도 태양의 밝기와 비교해볼 때에는 검은 점에 불과한 것처럼 인간의 관점에서 볼 때 매우 위대해 보이는 인간의 어떠한 업적과 노력 등도 거룩하시고 완전하신 하나님의 관점에서 볼 때에는 단순히 검은 점들에 불과할 뿐이다. 다른 말로 해서 성경은 그것을 '더러운 누더기'(filthy rags)라고 부른다(사64:6; 비교 슥3:3,4). 인간이 자신의 행위에 의해, 자신의 노력과 자신의 수고에 의해 의롭게 되려고 애쓰는 이 모든 것이 얼마나 무의미하며 어리석은 것인가? 부연컨대 인간의 모든 업적과 노력은 살아계신 하나님의 거룩하신 요구에 비교해 볼 때 하나의 검은 점으로 남아 있을 수밖에 없는 것이다.

그런데 앞에서 잠시 언급하였듯이 햇빛은 '눈에 보이지도 않고 느끼거나 볼 수도 없는' 화학선(chemical/ultraviolet rays)과 '눈에는 보이지만 감지될 수는 없는'(가시)광선(light/visible rays) 및 '감지될 수는 있지만 눈에는 보이지 않는' 열선(heat/infrared rays) 등 세 가지 종류의 광선으로 구성이 되어 있다.

그래서 우리는 빛이신 하나님께서 또한 삼위일체(三位一體, trinity, triune God, 요일5:7)이시라는 사실을 묵상하면서 햇빛의 화학선은 어느 누구도 본 적이 없고 느끼거나 볼 수도 없는 아버지 하나님에 해당됨을 이해하게 된다. 또한 (가시)광선은 우리가 볼 수는 있지만 감지할 수는 없기 때문에 이 세상의 빛(요8:12; 9:5)이신 아들 예수님에 해당되며, 열선은 믿는 자들의 삶 속에서 감지되지만 결코 눈에 보이지는 않는 성령님에 해당됨을 알 수 있게 된다.

6. 완전하신 하나님(His way is perfect)

아울러 이러한 사도 요한의 빛에 대한 가르침을 '태양 광선의 분광(分光)'(the solar spectrum)과 연결시켜 보면 완전하신 하나님을 더욱 잘 이해할 수 있게 된다(삼하22:31상; 시18:30상).

　무지개 속에서나 혹은 잘 깎여진 다이아몬드나 유리의 번쩍임 속에 드러나는 태양 광선은 스펙트럼(分光)을 형성하며 일곱 개의 색깔로 구성되어 있음을 우리는 쉽게 발견할 수 있다. 즉 햇빛이 프리즘을 통과하여 자기 길로 나아가게 될 때 각각의 색깔을 가진 빛들이 서로 다른 각도로 굴절되어 일곱 가지 색깔로 보이게 되는데 그 스펙트럼의 맨 위쪽은 보라색, 맨 아래는 빨간색으로 나타난다. (그러나 보라색 위에 있는 자외선은 화학선으로서 인간의 눈에는 보이지 않으며 빨간색 밑에 있는 적외선 역시 눈에 보이지 않는다.)

　이처럼 가시광선이 보라색에서 붉은색에 이르는 일곱 가지의 기본 색깔들로 나뉘어질 수 있다는 사실은 하나님의 신성(神性)의 완전하심을 말해 주는데, 왜냐하면 '일곱' 이라는 숫자는 주지하다시피 완전함을 나타내며 하나님께서는 완전하신 분이시기 때문이다.

　그리고 태양 광선의 스펙트럼은 우리에게 하나님의 신성의 일곱 가지 기본적 영역들도 말해 준다. 성막에서도 드러나듯이 붉은색은 그분의 희생을, 푸른색은 그분의 하늘에 속한 속성을, 자주색은 그분의 왕으로서의 인격을 나타내 주며 그 외의 다른 색깔들도 역시 하나님의 속성들을 보여준다(출25:4; 26:1). 하나님께서는 자신의 속성과 은혜와 역사하심에 있어 완전하신 분이시다(삼하22:31상; 시18:30상).

> "하나님으로 말하건대 그분의 길은 완전하고"(삼하22:31상; 시18:30상)

7. 하나님의 속성(two basic attributes of God)

　태양으로부터 복사되어 나오는 광선들은 생물체에 이로운가 유해한
가에 따라 두 가지로 구분할 수 있다. 곧 태양 광선들 가운데 생물체에
치명적인 것들과 생물체의 생존에 필수적인 것들이 함께 섞여 있는 것
이다. 그래서 하나님께서는 인간들이 이 지상에서 계속해서 살아남도
록 하기 위해 치명적인 광선들을 차단하고 생명을 주는 광선들을 받아
들일 수 있게끔 지구를 둘러싸고 있는 공기를 통해 조치를 취해주셨다.

　공기는 빛을 굴절시키는 능력이 매우 크기 때문에 어떤 광선이 공기
에 부딪치게 되면 빛들은 반사되어 굴절된다. 햇빛 속에 있는 치명적인
광선들은 굴절률이 매우 크므로 그들이 이런 공기층에 부딪치게 되면
굴절 현상에 의해 현저하게 꺾여져서 대부분은 지구를 지나쳐 흘러가
버리며 또 이와는 반대로 생명을 주는 광선들은 쉽게 굴절되지 않고 지
구로 곧장 들어오게 된다.

　따라서 이와 같은 관점에서 빛이신 하나님께서는 다음과 같이 두 가
지 종류의 광선으로 구성된 분이라고 말할 수 있다.

　첫째로 하나님은 '공의(公義)의 광선'이시다. 하나님께서는 죄에 대한
완전한 보상과 자신의 거룩하신 법을 거역한 자들에게 무한한 형벌을
요구하시는 분이시다. 그러므로 이 광선은 죄에 물든 모든 피조물들에
게 파멸과 저주를 불러온다(롬6:23상). 둘째로 하나님은 '사랑의 광선'이
시다. 하나님께서는 자신이 지으신 피조물들의 구원과 기쁨과 구속
(redemption)을 갈망하시는 분이시다(롬6:23하; 요3:16).

하나님께서는 이 두 가지 속성들을 모두 갖고 계신다. 즉 하나님은 공의로우신 분이시며 동시에 사랑 그 자체이시다(시7:9; 사45:21; 요일4:8,16). 따라서 죄인인 우리가 하나님의 공의의 광선으로부터 살아남기 위해서는 그분의 공의가 충분히 만족되어 걸러짐과 동시에 그분의 사랑이 그분이 지으신 피조물들의 삶 속으로 흘러들어갈 수 있도록 하는 어떤 방법이 반드시 필요하게 되는 것이다.

8. 방패되신 그리스도(the shield of Christ)

그런데 우리는 이러한 조치들이 주 예수 그리스도 안에서 완전하게 마련되었음을 발견할 수 있다. 그리스도이신 예수님께서는 우리처럼 인간의 모습을 입으시고 이 세상에 오셨으며, 갈보리에서 하나님의 법의 정당한 요구를 만족시키셨고, 하나님께서 필요로 하시는 바를 성취하셨으며, 하나님의 심판 속에 담긴 진노가 자신에게 쏟아지게 하셨다.

즉 그리스도께서는 자신이 죽기까지 사랑하신 모든 사람들의 생명에 하나님의 '공의의 광선'이 굴절되어 비켜가도록 하신 것이다. 이는 마치 그리스도께서 지구를 둘러싸고 있는 대기권과 같이 되신 것이다.

따라서 그리스도께서는 우리에게 보호막(방패, shield)이 되어주시며 또한 자신의 완전하신 사랑으로 하나님과 사람 사이의 중재자가 되어주시는 것이다(시84:11상; 갈3:20; 딤전2:5; 히12:24).

> "이는 주 하나님께서 해(sun)와 방패(shield)가 되시기 때문이니이다."
> (시84:11상)

그렇다. 하나님께서 우리의 방패가 되어주실 수 없는 한 결코 우리의 태양도 되실 수 없다. 그러므로 하나님께서는 우리의 방패되신 예수 그리스도 안에서 우리에게 생명을 주시는 분이 되시고, 은혜를 주시는 주님과 구원자가 되시는 것이다.

최첨단 암치료기법 중의 하나로 널리 사용되고 있는 '치료방사선'의 경우를 생각해보자. 암세포는 라디움(radium)에서 방출되는 (눈에 보이지 않는) 강력한 빛에 의해 죽게 되는데 만약 납이라고 하는 보호막(방패, shield)이 없다면 정상세포도 같이 죽게 되어 라디움 광선은 우리에겐 치명적인 광선밖에는 될 수가 없을 것이다. 그러나 편재하는(ubiquotous) 가장 평범한 물질인 납(lead)으로써 정상세포에게 내리쬐는 라디움 광선을 차단할 수 있기 때문에 이제 그 광선은 납이 있는 한 이전에는 죽을 수밖에 없었던 이들에게 생명을 가져다줄 수 있다.

이와 마찬가지로 예수 그리스도께서는 그분 자신의 희생을 통해 누구든지(ubiquotous) 그분을 믿기만 하면 멸망치 않고 다 구원받을 수 있도록 해주시는 것이다(요3:16).

> "하나님께서 세상을 이처럼 사랑하사 자신의 독생자를 주셨으니 이것은 누구든지 그를 믿는 자는 멸망하지 않고 영존하는 생명을 얻게 하려 하심이라."(요3:16)

9. 반석이신 그리스도(that Rock was Christ)

구약을 대표하는 하나님의 사람인 모세(요1:17)가 주님의 영광을 보길

간구하자 하나님께서는 다음과 같이 말씀하셨다.

> "그분께서 이르시되, 내가 내 모든 선함을 네 앞에 지나가게 하고 주의 이름을 네 앞에 선포할 것이요, 또 은혜를 베풀 자에게 은혜를 베풀고 긍휼을 베풀 자에게 긍휼을 베풀리라, 하시고 또 이르시되, 나를 보고 살 자가 없을 터이므로 네가 내 얼굴을 보지 못하리라. 주께서 이르시되, 보라, 내 옆에 한 곳이 있으니 너는 반석 위에 설지니라. 내 영광이 지나갈 때에 내가 너를 그 반석 틈에 두고 내가 지나가는 동안 내 손으로 너를 덮었다가 내 손을 거두리니 네가 내 뒷부분은 보되 내 얼굴은 보지 못하리라, 하시니라."(출33:19-23)

이처럼 하나님께서는 어떤 반석의 틈 안에 모세를 숨기시고 나서 그 곁으로 지나가셨는데 바로 그 때 모세는 주님을 보게 되었지만 반석으로 말미암아 죽지 않고 살 수 있었다. 즉 하나님께서는 이 말씀을 통해 우리가 하나님을 볼 수 있으려면 오직 반석이신 예수 그리스도 안에 있어야만 한다는 사실을 모세에게 가르쳐 주신 것이다("그 반석은 곧 그리스도였느니라(that Rock was Christ).", 고전10:4하).

다시 말해서 모세는 원래 하나님을 볼 수 없는 죄인이었지만 '만세반석'(the Rock of ages)이신 그리스도 안에 숨겨져서 하나님을 볼 수 있었다. 이는 반석이신 그리스도께서 하나님의 '공의의 광선'을 걸러 내고 오직 그 영원하신 분의 '사랑의 광선'만이 통과할 수 있도록 하였기 때문이다.

10. 빛의 천사(an angel of light)

그래서 누구든지 모세처럼 반석이신 예수 그리스도께로 나아가 그분 안에 거하게 되면, 곧 예수님을 구원자와 주님으로 마음에 모셔 들이기만 하면 구원을 받고 하나님의 아들이 되어 영생을 소유하게 되는 것이다(롬10:9,10,13; 요1:12; 3:16).

그러나 사탄은 한 영혼이라도 더 자기와 함께 지옥/불 호수에 들어가도록 하기 위해 하나님께서 베풀어주시는 이러한 믿음(faith)과 은혜(grace)의 복음(gospel)을 행위(work)와 율법(law)의 종교(religion)로 교묘히 바꿔치기를 해오고 있다(롬1:17; 11:6; 갈1:6; 2:21; 엡2:8,9).

일례로 주님의 교회가 세워지는 기초를 '반석'(petra, the solid immovable bed-rock; a great mass like a cliff, 마16:16-18)이 아니라 '돌'(petros, a single stone; Cephas, 요1:42하)로 대치하면서 뭇 영혼들을 수천 년 동안 멸망으로 이끌어가고 있는 중이기도 하다.

사실 이러한 사탄의 전략은 반석 위에 주님의 교회가 세워지기 훨씬 전, 인류의 태동과 더불어 전개되어 왔던 것인데 특히 '참 빛'(the true Light)되신 창조주 하나님 대신에 피조물에 불과한 태양(a light)을 숭배하게 하면서 수많은 영혼들이 영원히 하나님과 격리되도록 하였다(욥31:26,27). 그리하여 심지어는 선택 받은 이스라엘조차도 하나님께로부터 태양 숭배에 대해 경고를 받았지만(신4:19; 17:3) 그들은 버젓이 하나님 대신 태양을 신으로 숭배하기도 하였던 것이다(왕하23:3-14; 렘19:13).

원래 사탄은 '기름부음을 받은 덮는 그룹'(the anointed cherub that covereth,

겔28:14)이었고 또 타락하기 전 이름이 루시퍼(Lucifer, helel, light bringer, 사 14:12)라 불릴 정도였기 때문에 언제든 '빛의 천사'(an angel of light)로 가장 할 수 있어서 마치 참 빛(the true Light)되신 하나님인양 하며 우리에게 나타나는 것이다(고후11:13-15).

> "그러한 자들은 거짓 사도요 속이는 일꾼이며 자기를 그리스도의 사도로 가장하는 자들이니라. 그것은 결코 놀랄 일이 아니니 이는 사탄도 자기를 빛의 천사(an angel of light)로 가장하느니라. 그러므로 그의 사역자들 또한 의의 사역자로 가장한다 하여도 그것은 결코 큰 일이 아니니라. 그들의 마지막은 그들의 행위대로 되리라."(고후11:13-15)

11. 참 빛(the true Light)

그러나 빛의 천사로 가장하던 사탄은 '참 빛'(the true Light, 요1:9; 요일2:8)이 비추일 때, 곧 의(義)의 해(the Sun of righteousness, 삼하23:4; 시67:1; 84:11; 말4:2; 계1:16)가 떠올라 사탄의 빛이 어둠으로 밝혀질 때 최종심판을 받고 불못에 던져지게 된다(계20:10). "또 그들을 속인 마귀가 불과 유황 호수에 곧 그 짐승과 거짓 대언자가 있는 곳에 던져져서 영원무궁토록 밤낮으로 고통을 받으리라."(계20:10)

그리하고 나면 새 하늘과 새 땅이 도래하고 하늘로부터 거룩한 도시 새 예루살렘이 내려오게 되는데 구원받은 자들은 밤이 없고 해와 달이 빛을 비출 필요가 없는 그 도시로 들어가게 되는 것이다(계21:1,2,23-25).

"그 도시는 해와 달이 안에서 빛을 비출 필요가 없었으니 이는 하나님의 영광이 그 도시를 밝혀 주고 어린양께서 그 도시의 광체(光體)이시기 때문이라. 구원받은 자들의 민족들이 그 도시의 빛 가운데서 다니겠고 땅의 왕들이 자기들의 영광과 존귀를 가지고 그리로 들어가리라. 거기에는 밤이 없을 터이므로 낮에 그 도시의 문들을 결코 닫지 아니하리라."(계21:23-25)

그러나 새 예루살렘에는 아무나 다 입주할 수가 없다. 그 도시에 들어가기 위해서는 한 가지 조건이 필요하다. 곧 '참 빛'(the true Light)되신 어린양 예수 그리스도를 구주로 영접하여 '어린양의 생명책'(the Lamb's book of life)에 이름이 기록되어야만 하는 것이다(계13:8; 21:27).

"더럽게 하는 것은 어떤 것이든지 결코 그리로 들어가지 못하며 또 무엇이든지 가증한 것을 이루게 하거나 거짓말을 지어내는 것도 들어가지 못하되 오직 '어린양의 생명책'(the Lamb's book of life)에 기록된 자들만 들어가리라."(계21:27)

12. 마무리

우리 모두는 언젠가 '참 빛'(the true Light)되신 하나님 앞에 반드시 서야만 한다. 그런데 우리 모두는 죄인이기 때문에 보호막이 없다면 '참 빛' 되신 하나님으로부터 나오는 '공의의 광선'에 의해 멸망당하여 영원한 지옥/불 호수에 던져질 수밖에 없게 될 것이다.

그러나 우리가 방패(shield)와 반석(Rock)이 되어주시는 예수님을 구주로 모시고 있다면 우리는 걱정할 필요가 없다. 왜냐하면 예수님께서 하나님의 '공의의 광선'을 대신 담당해주시고 오직 하나님의 '사랑의 광선'만이 우리에게 들어오도록 해주실 것이기 때문이다.

독자 여러분, 당신은 예수 그리스도의 보호하심을 받고 있습니까? 당신은 어린양 예수 그리스도의 생명책에 이름이 기록되어 있습니까? 당신은 진실로 예수님을 당신의 구원자와 주님으로 영접하였습니까?

만일 그렇지 않다면, 예수님께서 약속하신 다음의 말씀들을 꼭 기억하시기 바랍니다.

"진실로 진실로 내가 너희에게 이르노니, 내 말을 듣고 또 나를 보내신 분을 믿는 자에게는 영존하는 생명이 있고 또 그는 정죄에 이르지 아니하나니 사망에서 생명으로 옮겨졌느니라."(요5:24).

"그때에 예수님께서 다시 그들에게 말씀하여 이르시되, 나는 세상의 빛이니 나를 따르는 자는 어둠 속에 다니지 아니하고 생명의 빛을 얻으리라, 하시니라."(요8:12)

성경 속 유전공학

1. 생명

인간이 추구하는 가치는 매우 다양하다. 가훈이 다르고 교훈이 다르고 여러 단체와 공동체의 이념이 다르고 각 개인별로도 가치관과 세계관이 천차만별이다. 그래서 전 국민을 대상으로 하여 (국립국어연구원에서 펴낸) 표준 한글사전에 표기된 50만자의 어휘 가운데 최고 가치로 여겨지는 단어를 택하라 한다면 아마도 수만 가지가 나올지도 모른다.

그러나 궁극적인 하나를 택하라고 한다면 필자는 주저 없이 '생명'
이라 답을 하고 싶다. 왜냐하면 어떠한 가치가 실현되려면 실제적으로
생명이 전제가 되어야 하기 때문이다. 예를 들어 사랑이 최고의 가치라
할지라도 그 사랑을 실현하기 위한 주체인 생명이 없다면, 또 그 사랑의
객체인 생명이 없다면 사랑은 존재할 수 없기 때문이다.

우리가 살아가고 있는 21세기는 이전의 세기들과 달리 과학적으로
'생명공학'의 시대라 표현이 되고 있다. 그런데 생명공학을 이루는 주
요 콘텐츠 중에 하나가 바로 하루가 다르게 발전하고 있는 '유전공학'
이기 때문에 이제는 유전공학을 잘 모르고서는 감히 생명을 논할 수조
차 없는 시대가 되어버렸다.

그렇다면 인간의 모든 삶의 영역에 대해 침묵하고 있지 않으며, 특별
히 생명의 기원(基源)과 결국(結局)에 대해 유일하게 밝혀주고 있는 성경
에서는 유전공학에 대해 어떠한 언급이 되어 있는지 궁금해진다. 따라
서 이 글에서는 성경 속에 나타나는 유전공학에 대해 그 기록된 순서대
로 살펴봄으로써 어떻게 하면 참된 생명을 얻을 수 있는지, 또 더 나아
가 풍성한 생명을 소유할 수 있는지 알아보고자 한다.

2. 최초의 유전자

모든 생명체는 무생물과 달리 그 생명 현상이 가능하도록 하는 프로
그램이 필요하다. 상식적인 이야기이지만 생명체에겐 생명 현상을 이
루기 위한 설계도인 유전자가 필수 불가결한 요소이다. 다시 말해 유전

자의 작동 없이 존재가 가능한 생명체는 아예 존재하지 않는다.

그렇다면 하나님께서는 온 우주만물을 창조하시면서 언제 유전자를 최초로 만드셨을까? 많은 이들이 창조주간의 셋째 날이라고 생각할 것이다. 왜냐하면 풀과 씨 맺는 채소와 자기 종류대로 열매 맺는 과일 나무가 셋째 날 창조되었기 때문이다(창1:12,13). 맞는 이야기다. 그러나 식물은 비록 유전자를 갖고 있지만 성경적으로는 생명체라 일컬어질 수 없다(창1:20,24).

> "하나님께서 이르시되, 물들은 생명이 있어 움직이는 창조물과 땅 위 하늘의 열린 궁창에서 나는 날짐승을 풍성히 내라, 하시고"(창1:20)

> "하나님께서 이르시되, 땅은 살아 있는 창조물을 그것의 종류대로 내되 가축과 기는 것과 땅의 짐승을 그것의 종류대로 내라, 하시니 그대로 되니라."(창1:24)

성경은 이와 같이 동물만이 생명체라고 명확히 선언하고 있는데 그 이유는 바로 육체의 생명이 피에 있기 때문이다(레17:11,14).

> "이는 육체의 생명이 피에 있기 때문이니라."(레17:11상)

> "이는 피가 모든 육체의 생명이기 때문이니 육체의 피는 육체의 생명을 위한 것이니라."(레17:14상)

그러면 이제 피를 소유하고 있는 생명체인 동물을 포함하여 모든 창조세계를 다스리도록 위임받은 인간은 어떻게 유전자가 마련되어 생명현상을 보이게 되었는지 살펴보도록 하자.

3. 유전자의 존재(存在)

유전자의 기본인 DNA는 아데닌(Adenine, A), 구아닌(Guanine, G), 티민(Thymine, T), 시토신(Cytosine, C) 등 네 가지 염기로 구성되어 있다. 반면에 RNA 유전자는 DNA와 달리 시토신 대신 우라실(Uracil, U)이라는 염기가 존재한다.

그리고 이 다섯 가지 염기들의 화학적 구조는 모두 네 가지 원소들 곧 산소, 탄소, 수소 및 질소로만 이루어져 있다. 그래서 인간의 몸의 전체적인 구성도 산소(65%), 탄소(18%), 수소(10%), 질소(3%)로 되어 있는 것이다.

그런데 신비하게도 이러한 육체의 구성 원소는 흙의 구성 원소와 동일한데 이는 바로 하나님께서 인간을 흙으로 만드셨기 때문이다(창2:7; 3:19; 전12:7).

> "주 하나님께서 땅의 흙으로 사람을 지으시고 생명의 숨을 그의 콧구멍에 불어넣으시니 사람이 살아 있는 혼이 되니라."(창2:7)

유전자의 존재는 바로 흙에서 비롯되는 것임을 이처럼 성경은 명쾌하게 선포하고 있는데, 존재(存在)라는 한자어를 분석해보면 이와 같은 성경적 사실이 더욱 확실해진다. 노아의 두 번째 아들 셈(Shem)의 후손인 창힐이 삼황오제(三皇五帝) 시대 때 황제의 사관으로서 만든 존재(存在)라는 한자어는 다음과 같이 세분될 수 있다.

존(存) = 한 일(一) + 사람 인(人) + 아들 자(子),
재(在) = 한 일(一) + 사람 인(人) + 흙 토(土)

즉 한(一) 사람(人)을 흙(土)으로 만들어 한(一) 사람(人) 남자(子)가 존재하게 되었다는 것이 상형문자인 '존재(存在)'의 의미이다. 다시 말해서 하나님께서 에덴동산에서 흙(土)으로 첫(一) 사람(人) 아담(子)을 만드신 사건으로 인해 유전자를 지닌 생명체로 인간이 존재(存在)하게 된 사실을 한자어 존재(存在)가 명확히 보여주고 있는 것이다.

4. 첫 번째 유전공학

첫 사람 아담이 남성으로 창조된 지 얼마 지나지 않아 하나님께서 아담의 갈비뼈를 재료로 하여 처음으로 유전공학적 시술을 행하셨는데 이는 아담과는 다른 성염색체 유전자를 지닌 여성 이브를 만들기 위함이었다(창2:21,22).

"주 하나님께서 아담을 깊은 잠에 빠지게 하시니 그가 잠들매 그분께서 그의 갈비뼈 중의 하나를 취하시고 그것 대신 살로 채우시며 주 하나님께서 남자에게서 취한 그 갈비뼈로 여자를 만드시고 그녀를 남자에게로 데려오시니”(창2:21, 22)

하나님께서는 아담을 만드셨던 것처럼 흙으로 이브를 만드실 수도 있으셨고, 아니면 다른 창조물처럼 말씀만으로 이브를 창조하실 수도 있으셨을 텐데 왜 하필이면 아담을 깊은 잠에 빠지게 하신 후 유전공학적 시술을 통해 이브를 만드셨을까? 또한 많은 장기와 조직 가운데 왜 유독 갈비뼈를 택하신 것일까?

여기에는 적어도 세 가지 이유가 있다. 첫째는 성경적으로 잠은 사망한 상태를 일컫는 표현이기도 하기에(왕상2:10, 11:43, 14:20,31, 15:8; 대하21:1, 26:23; 욥14:17-12; 시13:3; 렘51:39,57; 단 12:2; 마9:24, 27:52; 막5:39; 요11:11-14; 행7:60; 고전15:51,52; 살전4:13-17; 벧후3:4), ‘아담의 죽음(과 부활)’ 을 통해서 이브가 나타나도록 하신 것이다(롬19:9,10; 고전15:20-22; 빌2:8). 둘째는 이브가 아담의 갈비뼈 곧 아담의 몸으로부터 나왔으므로 이브는 ‘아담의 몸’ 이라는 사실을 알려주고자 하신 것이다(엡1:22,23; 5:23; 골1:18). 셋째는 뼈에는 다른 조직과 달리 조혈작용을 하는 골수가 있고 특별히 갈비뼈는 혈액순환을 담당하는 심장을 보호하는 역할을 하기 때문에 이브는 ‘아담의 피’ 로써 새롭게 탄생하게 되었음을 보여주고자 하신 것이다(요19:28-36; 히9:22; 벧전1:18,19).

그러므로 하나님께서 유전공학을 처음으로 아담에게 시행하여 이브를 만드신 궁극적인 목적은 그리스도와 교회의 신비를 보여주기 위해

서였던 것이다(엡5:32).

> "이것은 큰 신비니라. 그러나 내가 그리스도와 교회에 대하여 말하
> 노라."(엡5:32)

5. 두 번째 유전공학

아담과 이브는 각기 유전자를 지닌 생명체로서 (우리 몸의 여러 기관들 중
유일하게 어느 한 곳에 국한되지 않고 온 몸을 다니는) 혈액이 순환을 하며 생명현상
을 나타내는 가운데 에덴동산에서 영원한 삶을 살 수 있었다.

그러나 아담과 이브가 하나님께서 금하신 선악과를 따먹자 그들에게
는 유전학적 변화가 영육 간에 나타나기 시작하였다(창2:16,17; 3:6,7).

> "그들 두 사람의 눈이 열리매 그들이 자기들이 벌거벗은 줄을 알고
> 는 무화과나무 잎을 함께 엮어 자기들을 위해 앞치마를 만들었더
> 라."(창3:7)

그리하여 죄로 말미암아 아담의 피는 부패하기 시작하여 영원한 생
명을 잃어버리게 되었으며 아담은 결국 930세에 흙으로 돌아가게 되었
다(롬3;23; 6:23상; 창5:5).

그 후 아담의 모양과 형상을 따라 죄 가운데 태어나게 된 아담의 모
든 후손들도 역시 아담으로부터 물려받은 부패된 피(SIN+)로 인하여 영

원한 생명을 소유할 수 없게 되었다(창5:3; 롬3:23). 즉 육체적 죽음뿐 아니라 영적 죽음에 이를 수밖에 없는 처참한 인류의 운명이 에덴동산에서 첫 사람 아담을 통해 시작된 것이다(롬5:12).

> "그러므로 한 사람으로 말미암아 죄가 세상에 들어오고 죄로 말미암아 사망이 들어왔나니 이와 같이 모든 사람이 죄를 지었으므로 사망이 모든 사람에게 임하였느니라."(롬5:12)

다시 말해서 부패된 피(SIN+)를 무죄한 피(SIN-)로 바꾸지 못한 사람(soul)은 육체적 사망에 이어 둘째 사망 곧 지옥·불못(lake of fire)에 처해질 수밖에 없는 최악의 상황이 창조세계에 발생하게 된 것이다(롬6:23상; 계21:8).

> "그러나 두려워하는 자들과 믿지 않는 자들과 가증한 자들과 살인자들과 음행을 일삼는 자들과 마법사들과 우상 숭배자들과 모든 거짓말쟁이들은 불과 유황으로 타는 호수에서 자기 몫을 받으리니 이것은 둘째 사망이니라."(계21:8)

6. 불법의 유전공학

아담의 타락 후 사람들이 지면에서 번성하기 시작하였는데 사람의 사악함이 땅에서 크고 또 그의 마음에서 생각하여 상상하는 모든 것이 항상 악한 상태에 이르자 하나님께서는 사람을 지면에서 멸하기로 작정하셨다(창6:1-7).

> "하나님께서 사람의 사악함이 땅에서 크고 또 그의 마음에서 생각하
> 여 상상하는 모든 것이 항상 악할 뿐임을 보시고 주께서 땅 위에 사
> 람을 만드신 것으로 인해 슬퍼하시며 또 그것으로 인해 마음에 근심
> 하시고 주께서 이르시되, 내가 창조한 사람을 지면에서 멸하되 사람
> 과 짐승과 기는 것과 공중의 날짐승까지 다 그리하리니 이는 내가
> 그들을 만든 것으로 인해 슬퍼하기 때문이라, 하시니라."(창6:5-7)

특별히 하나님께서 진 세계를 뒤엎는 홍수로 심판을 하시게 된 주요
한 원인은 하나님의 창조질서를 깨뜨리는 불법의 유전공학으로 말미암
아 이 땅에 거인들이 태어나게 되었기 때문이었다(창6:4).

> "당시에 땅에는 거인들이 있었고 그 뒤에도 있었으니 곧 하나님의
> 아들들이 사람들의 딸들에게로 들어와 그들이 저들에게 아이들을
> 낳았을 때더라. 바로 그들이 옛적의 강력한 자들 즉 명성 있는 자들
> 이 되었더라."(창6:4)

거인이라고 하면 (키가 2미터가 넘는 NBA 선수들 정도가 아니라) 블레셋의 장수
골리앗이나 바산 왕 옥처럼 키가 3-4미터가 되는 또는 그보다 더 큰 거
인을 말하는데 정상적인 인간의 유전적 결합에서는 이러한 거인이 태어
날 수 없다(민13:33; 신2:10,11,20,21; 3:11; 수17:15; 삼상17:4; 삼하21:16-22; 대상20:4-8)).

이는 바로 타락한 천사들인 '하나님의 아들들' 과 '사람들의 딸들' 이 성적 관계를 맺는 불법의 유전공학의 결과로 인해 가능하게 된 것이다.

7. 성염색체

만약 창세기 6장의 '하나님의 아들들' 이 단순히 셋의 후손들이라면 그들의 자손들은 남자만으로 나타날 수 없었을 것이다. 물론 성경에는 여자 거인이 없고 언제나 거인들은 남자로만 언급이 되고 있는데 그 이유는 아주 확실하다. 왜냐하면 정자와 난자가 만나 수태가 이루어질 때 그 아기의 성을 결정하는 것은 어머니가 아니라 아버지이기 때문이다.

인간에게는 모두 23쌍 곧 46개의 염색체가 있는데 이 중 22쌍은 상염색체(autosome)이고 한 쌍 곧 2개의 염색체는 성을 결정짓는 성염색체(sex chromosome)이다. 남자의 성염색체는 XY, 여자의 성염색체는 XX로 이루어져 있다.

사람에게서 난자는 X염색체만을 가지고 있으나 정자에는 X염색체를 가진 것과 Y염색체를 가진 2종류가 있다. 따라서 Y염색체를 가진 정자가 수정을 하면 XY 접합체로 남자가 되고 X염색체를 가진 정자가 수정을 하면 XX 접합체로 여자가 된다.

그러면 천사들은 어떤 성염색체를 갖고 있을까? 천사들은 남성과 여성의 결합에 의해 만들어진 남성이 아니라 원래부터 남성으로 창조된 존재이기 때문에 그들의 성염색체는 X염색체가 없는 Y염색체와 동등한 염색체(Y-equivalent chromosome)만으로 구성되어 있을 것이다. 따라서 타락한 천사들과 인간 사이에서 태어나는 반신반인(半神半人, demigod)인 거인들은 모두 남성일 수밖에 없는 것이다.

그런데 타락한 천사들을 사용하여 인간을 더럽히는 사탄의 가장 중요한 목적은 하나님께서 사탄에게 주신 약속과 깊은 관련이 있다.

> "내가 너와 여자 사이에 또 네 씨와 여자의 씨 사이에 적대감을 두리니 여자의 씨는 네 머리를 상하게 할 것이요, 너는 그의 발꿈치를 상하게 할 것이니라, 하시고"(창3:15)

사탄은 자기에게 죽음의 선고 곧 불못 가운데 던져져 영원한 고통에 이르는 것을 피해보려고 여자의 후손으로 오실 메시아의 통로를 차단하고자 하였다. 그런데 여자의 씨로서 사탄을 쳐부술 자는 사람이어야만 했으므로 사탄은 모든 인류를 파멸시키기로 작정했던 것이다. 그래서 타락한 천사들 중 많은 수가 사람의 딸들을 취해 하나님의 목적과 계획이 무산되도록 해보려 했던 것이다. (이에 대해 좀 더 자세히 알고 싶으신 분은 졸저 '성경과 의학' 중 '성경 속 성장이상' 칼럼을 읽어보시기 바란다.)

8. 마지막 유전공학

그러나 하나님의 충만한 때가 이르자 예수님께서는 인류를 죄로부터 구원하기 위해 친히 인간의 몸을 입으시고 성령님에 의해 수태되어 처녀 마리아에게 태어나셨다(마1:21; 갈4:4). 그런데 예수님께서는 비록 마리아의 몸을 빌리셨지만 마리아의 부패된 피(SIN+)를 한 방울도 받지 않으셨다. 왜냐하면 하나님께서는 산모의 자궁에서 자라고 있는 태아에게 태반을 통하여 필요한 영양분만이 공급되게 하셨고 피는 단 한 방울도 넘어가지 않게 만드셨으며 오로지 태아의 피는 태아 자체의 조혈기관(fetal hematopoietic organs)에서 생성되도록 하셨기 때문이었다.

그래서 '무죄한 피'(SIN-)를 지니시게 된 예수님은 이 세상의 모든 죄를 제거하는 '흠도 없고 점도 없는 어린양'이 되셨던 것이다(요1:29,36).

> "이튿날 요한이 예수님께서 자기에게 나오시는 것을 보고 이르되, 보라, 세상 죄를 제거하시는 하나님의 어린양이시로다."(요1:29)

따라서 우리가 영원한 생명을 갖기 위해서는 어린양으로 오신 예수 그리스도의 보혈(寶血)을 믿음으로 받아들여 죄를 제거해야만 하는 것이다(벧전1:18,19).

> "너희가 알거니와 너희 조상들로부터 전통으로 물려받은 헛된 행실에서 너희가 구속(救贖)받은 것은 금이나 은같이 썩을 것으로 된 것이 아니요, 오직 흠도 없고 점도 없는 어린양의 피 같은 그리스도의 보배로운 피로 된 것이니라."(벧전1:18,19)

다시 말해서 죄로 말미암아 사탄에게 팔려갔던 우리를 하나님께서 친히 자신의 피로 값을 치르시고 다시 찾아주시는 구속(救贖, redemption)

을 통해 우리는 부패된 피(SIN+)를 무죄한 피(SIN-)로 바꿀 수 있게 되어 하나님의 자녀가 되는 복(blessing)을 얻게 된 것이다(행20:28; 엡1:3-7).

이 세상에는 수만 가지의 복이 있겠지만, 누가 무어라 해도 진정한 복은 우리가 구원 받아 하나님의 자녀가 되어 영원한 둘째 사망에서 벗어나 하나님의 영광이 가득한 천국에 가는 것이다.

9. 구원

사랑하는 독자 여러분, 이제 예수님의 피(SIN-)를 마음에 받아들여 죄 사함과 구원을 얻고 싶지 않으십니까? 그리하여 사탄의 권세로부터 승리하는 삶을 살고 싶지 않으십니까?

그렇다면 다음과 같은 기도를 진심으로 하나님께 드리시기 바랍니다.

"온 우주만물을 창조하신 하나님 아버지, 저는 제가 거룩하신 하나님 앞에서 죄인이며, 영원한 지옥의 형벌을 받아야 마땅한 존재임을 알게 되었습니다. 그리고 저를 사랑하시는 하나님께서 예수 그리스도를 이 세상에 보내셔서 죄인인 저를 대신해서 모든 형벌을 받으시고 보배로운 피를 흘려주신 사실도 알게 되었습니다.

부디 저를 불쌍히 여기시며 저의 모든 죄를 용서해 주시기 바랍니다. 또한 저를 도와 주셔서 이 죄들을 미워하여 완전히 떨쳐버리고 새로운 삶을 살 수 있게 도와주시기 바랍니다. 저는 구원받기를 원하나 저의 노력이나 방법으로는 구원받을 수 없음을 인정합니다. 저의 죄를 제거하기 위해 예수 그리스도를 보내 주시고 예수님께서 저를 위해 십자가에서 무죄한 피를 흘려 돌아가신 뒤 사흘 만에 부활하셨으니 하나님의 은혜에 진심으로 감사를 드립니다.

이제 저는 이 예수님을 신뢰하며 그분께서 부활하신 것을 믿으며 저의 구원자와 주님으로 모셔들입니다. 이제부터 영원토록 주님을 사랑하고 주님의 명령에 순종하며 다른 이들을 예수님께로 인도하고 오직 보혈의 능력으로 살아가도록 도와주시기 바랍니다.

다시 한 번 저를 영원한 지옥의 형벌로부터 구원해 주시고 천국과 영원한 생명을 주신 은혜에 감사를 드리며 이 모든 것을 주 예수님의 이름으로 기도합니다. 아멘."

10. 승리

진심으로 이렇게 기도하셨다면 거짓말하실 수 없는 하나님의 다음과 같은 약속을 신뢰하고 주위의 좋은 크리스천들에게 당신이 구원받은 사실을 알리십시오. 그리고 성경대로 믿고 가르치는 교회를 찾아가십시오. 당신 안에 들어오신 성령님께 당신의 새로운 삶을 인도해 주시도록 기도하십시오. 그분께서 길을 보여주실 것입니다. 이 시간 이후 당신의 삶은 어제까지의 삶과는 전혀 다른 새로운 삶이 될 것입니다.

> "너희가 다 그리스도 예수님을 믿는 믿음으로 말미암아 하나님의 자녀들이 되었나니"(갈3:26)

> "내가 그들에게 영원한 생명을 주노니 그들이 결코 멸망하지 않을 것이요, 또 아무도 내 손에서 그들을 빼앗지 못하리라."(요10:28)

아울러 예수 그리스도의 보혈로 우리가 죄와 마귀의 세력을 물리칠 수 있는 능력을 갖게 된 것을 늘 기억하십시오. 매일매일 승리의 삶을 사실 수 있을 것입니다.

> "그들이 어린양의 피와 자기들의 증언의 말로 그를 이기었으니 그들은 죽기까지 자기 생명을 사랑하지 아니하였도다."(계12:11)

> "또 그분의 아들 예수 그리스도의 피가 모든 죄에서 우리를 깨끗하게 하느니라."(요일1:7)

성경 속 불임

1. 들머리

불임(不姙, infertility) 또는 난임(難姙)은 주지하다시피 주로 생물학적으로 임신에 이를 능력이 없는 상태를 가리킨다. 즉 정상적인 부부관계가 1년간 있었는데도 임신이 되지 않거나 아기를 이미 낳은 뒤로 2년 이상 임신을 못하는 경우를 말한다. 최근 한 통계자료에 따르면 2017년 현재 우리나라에서 난임자 수는 20만8,703명으로 보고되고 있다.

자녀를 두지 않고 맞벌이를 하며 돈과 출세를 인생의 목표로 삼는 딩크(DINK)족과 달리 아기를 갖기 위해 각고의 노력을 경주하는 난임부부들의 애환은 실로 상상을 초월하기도 한다. 이것은 성경 속에 나타난 불임부부들의 사례에서도 마찬가지였다.

그렇다면 왜 사랑의 하나님께서는 우리에게 이러한 불임이라는 엄청난 시련을 허락하시는 것일까? 아울러 왜 성경 속에 이러한 이야기가 적히게 하신 것일까 궁금해진다.

따라서 본 글에서는 불임에 대한 이해를 명확하게 하기 위해 먼저 인간 생명의 시작에 대한 정의를 내린 후 성경에 언급된 불임의 예들을 살펴보고 이 사건들이 오늘 우리에게 주는 영적인 의미를 되새겨보고자 한다.

2. 생명의 시작

일단 출산이 된 아기는 그가 어떠한 장애가 있더라도 인간으로 인정을 받는다. 그런데 출산 전 한 인간으로서 대접(?)을 받는 시기는 (전혀 과학적이지 않은데도 불구하고) 진화론적 세계관이 득세하는 가운데 유전공학과 줄기세포 연구가 발달하면서 생명을 창조하신 하나님의 기준과 달라지고 있다.

그러나 수정(受精, conception)후 2주 또는 8주까지는 인간으로 간주해서는 안된다는 세속적인 과학자들의 주장과 달리 성경은 명쾌하게 정자와 난자가 만나 수정을 하는 그 시점에서 한 인격체로서 인간이 존재하게 된다고 말하고 있다(시139:13,15,16).

> "주께서 내 콩팥을 소유하셨으며 내 어머니 태에서 나를 덮으셨나이
> 다. ~ 내가 은밀한 가운데 만들어지고 땅의 가장 낮은 부분들에서
> 묘하게 꾸며졌을 때에 나의 실체가 주께 숨겨지지 아니하였나이다.
> 주의 눈이 '아직 불완전한 나의 실체'(my substance, yet being unperfect)
> 를 보셨으며 계속해서 형성된 나의 모든 지체들이 주의 책에 기록되
> 되 그것들 중에 아직 하나도 존재하지 않았을 때에 기록되었나이
> 다."(시139:13,15,16)

즉 '아직 불완전한 실체'(substance, yet being unperfect)인 배아(胚芽, embryo)
상태라 하더라도 하나님께서는 한 인격체로 보고 계신다고 하는 것이
성경적 진리이다. 그래서 (의학적으로도 그렇지만) 성경적으로 불임은 유산
을 해서 출산으로 이어지지 못한 경우는 해당이 되지 않고 아예 수정 자
체가 되지 않는 경우만을 말하고 있다.

3. 성경 속 불임

성경에 불임으로 시련을 겪었던 이들이 적지 않게 소개되고 있는데
최초의 사례가 사래(Sarai)이다. 사래는 불임에 대한 스트레스로 인해 자
기 대신 여종 하갈에게 남편 아브람이 들어가 자녀를 얻도록 하였다.
그런데 사래는 수태한 하갈로부터 멸시를 당하자 아브람에게 바가지를

닦어 하갈을 내어쫓기도 하였다(창16:1-6). 그러나 하나님께서는 폐경이 된 사라(Sarah)에게 긍휼과 은혜를 베푸셔서 아들 이삭을 허락하셨다(창 18:9-15; 21:1-3).

두 번째로 사라의 며느리 리브가도 불임이었다. 그러나 이삭이 아내 인 리브가를 위하여 하나님께 간구하자 리브가는 쌍둥이 에서와 야곱 을 낳을 수 있었다(25:19-26).

세 번째로 리브가의 며느리 라헬도 불임이었다. 그러나 하나님께서 라헬을 기억하시고 그녀에게 귀를 기울이셔서 요셉을 출산하게 해주셨 다(창30:1-13, 22-24).

네 번째로 단 지파인 마노아의 아내가 불임이었다. 그러나 주의 천사 가 나타나 고지한 대로 그녀는 아들 삼손을 낳았는데 그는 태에서부터 하나님께 바친 '나사르 사람'(Nazarite)이 되었다(삿13:2-5).

다섯 번째로 에브랏 사람 엘가나의 아내 한나가 불임이었다. 그녀는 혼이 쓰라린 가운데 주께 기도하고 심히 통곡하면서 사내아이를 주시 면 '나사르 사람' 으로 주께 드리겠다고 서원하여 아들 사무엘을 낳게 되었다(삼상1:4-20).

여섯 번째로 유대 왕 헤롯 시대에 제사장 사가랴의 아내 엘리사벳이 불임이었는데 그녀는 매우 연로하기까지 하였다. 그런데 사가랴가 자 기 계열의 순서대로 하나님 앞에서 제사장 직무를 수행할 때에 주의 천 사가 그에게 나타나 하나님께서 그의 기도를 들으셨으므로 '나사르 사 람' 으로 살아갈 아들이 그에게 태어날 것이라 하였다. 그리고는 천사가 알려준 대로 엘리사벳은 아들 요한을 낳을 수 있었다(눅1:5-37).

4. 믿음의 훈련

이들은 결혼 후에 당연히 찾아올 태의 열매를 오랜 기다림과 기도 끝에 힘겹게 얻어야 했다. 당연하다고 여겨지던 권리를 하나님께 온전히 내드리기 위한 뼈저린 훈련을 체험해야 했다. 곧 불임의 과정을 통해 믿음의 훈련을 받게 되었다(시119:71; 잠3:11,12; 애3:32,33)

> "고난당한 것이 내게 유익하오니 이로써 내가 주의 법규들을 배우게 되었나이다."(시119:71)

> "이는 그분께서 고의로 사람들의 자녀들을 괴롭게 하거나 슬프게 하지 아니하시기 때문이라."(애3:33)

하나님께서는 고난을 통하여 당신의 자녀들을 훈련시키신다. 불임이나 난임과 같은 장애뿐만이 아니라 사람의 능력으로 어떻게 할 수 없는 한계상황에 이르렀다면 그것은 곧 한계상황을 두고 다스리시는 하나님을 바라보라는 뜻이다.

또한 이들은 불임의 과정을 통하여 하나님께서는 약속하신 것을 반드시 지키시는 분이시며, 그렇게 되는 데는 그분께서 정하신 시간과 방법이 있음을 배울 수 있었다(전3:1).

> "하늘 아래 모든 일에는 시기가 있고 모든 목적한 것에는 때가 있도다."(전3:1)

5. 영적 출생

아울러 이들은 하나님께서는 우리의 육적 출생을 주관하실 뿐 아니라 '영적 출생'(重生)을 관할하시는 만유의 주인이시라는 사실도 깨달을 수 있었다(롬11:36; 엡4:6).

> "모든 것이 그분에게서 나오고 그분으로 말미암으며 그분께로 돌아가나니 영광이 그분께 영원토록 있기를 원하노라. 아멘."(롬11:36)

> "한 하나님이 계시니 곧 모든 것의 아버지시라. 그분께서는 모든 것 위에 계시고 모든 것에 두루 계시며 너희 모두 안에 계시느니라."(엡4:6)

예수님의 계보를 이루는 믿음의 조상 3대(아브라함, 이삭, 야곱)의 아내들과 '나사르 사람'(Nazarite)으로 하나님께 드려졌던 3명(삼손, 사무엘, 침례자 요한)의 모친들이 불임이었다는 사실에서 알 수 있듯이 육적인 불임은 영적인 출생의 토양이 된다.

그렇다면 오늘을 살아가는 불임부부들에게도 이와 같은 영적인 접근이 반드시 필요하리라 생각한다. 불임클리닉을 찾아가 최첨단 의학기술로 불임 문제를 해결 받는 것도 좋겠지만, 하나님께서 진정 원하시는 불임의 해결책이 무엇인지 진지하게 성경 말씀을 통해 고민해볼 수 있었으면 한다.

6. 입양

성경은 혈연 중심으로 가족을 말하지 않는다(마12:46-50). 대신 사랑의 관계를 중심으로 가족을 말하고 있다(요일3:14). 즉 하나님의 은혜와 사랑으로 인해 우리가 하나님의 자녀로 '입양(入養)' 되었음을 성경은 일관되게 증언하고 있다(롬8:15;23; 갈4:4-6; 엡1:5).

> "너희는 다시 두려움에 이르는 속박의 영을 받지 아니하고 양자 삼으시는 영을 받았느니라. 그분을 힘입어 우리가, 아바, 아버지, 하고 부르짖느니라."(롬8:15)

> "그러나 충만한 때가 이르매 하나님께서 자신의 아들을 보내사 여자에게서 나게 하시고 율법 아래 있게 하셨나니 이것은 율법 아래 있는 자들을 구속하시고 또 우리가 아들로 입양되게 하려 하심이라. 너희가 아들이므로 하나님께서 자신의 아들의 영을 너희 마음속에 보내사, 아바, 아버지, 하고 부르짖게 하셨느니라."(갈4:4-6)

> "자신의 크게 기뻐하시는 뜻에 따라 우리를 예정하사 예수 그리스도를 통해 자신의 아이로 입양하심으로써"(엡1:5)

따라서 우리는 예수 그리스도로 인해 감히 하나님을 아바, 아버지로 부를 수 있게끔 하나님의 자녀로 입양되어 '하나님의 가족' 이 된 사실을 잊지 말아야 한다(엡2:19).

아울러 우리는 시험관 아기, 배아 이식, 정자 직접 주입술, 착상 전 유전진단 등 여러 불임 치료법을 고려하기에 앞서 이미 태어난 소중한 아기들을 입양하는 것에 더 관심을 가져야 한다.

그러할 때 하나님의 창조 질서는 확연히 드러날 것이며 또한 우리는 하나님께로부터 진정한 보상을 받게 될 것이다.

7. 마무리

사라, 리브가, 라헬, 마노아의 아내, 한나, 엘리사벳 이 여섯 명의 여인들과 그들의 남편 아브라함, 이삭, 야곱, 마노아, 엘가나, 사가랴의 삶에 불임을 허락하신 하나님의 뜻을 이들은 처음엔 전혀 알 수 없었을 것이다. 이들은 단지 하나님께서 당연히 육적인 복으로 자식을 주실 것이라 여겼을 것이다(시127:3).

> "보라, 자식들은 주의 유산이요, 태의 열매는 그분의 보상이로다."
> (시127:3)

그러나 불임의 과정을 통해 그들은 불임이 결코 저주가 아니라 영적인 복이 됨을 깨닫게 되었을 것이다(갈4:27).

> "기록된바, 수태하지 못하는 자여, 너는 기뻐할지어다. 산고를 치르

지 못하는 자여, 너는 소리 지르고 외칠지어다. 황폐한 자가 남편 있
는 여자보다 더 많은 아이를 두느니라, 하였느니라."(갈4:27)

이제 우리도 이들처럼 불가능 가운데 하나님을 믿음(稱義)으로 이삭,
야곱, 요셉을 낳고, 하나님께 구별하여 드리기 위해 삼손, 사무엘, 요한
을 낳는 삶(聖化)을 살아가도록 하자(엡2:8-10).

"너희가 믿음을 통해 은혜로 구원을 받았나니 그것은 너희 자신에게
서 난 것이 아니요 하나님의 선물이니라. 행위에서 난 것이 아니니
이것은 아무도 자랑하지 못하게 하려 함이라. 우리는 그분의 작품이
요 그리스도 예수님 안에서 선한 행위를 하도록 창조된 자들이니라.
하나님께서 그 선한 행위를 미리 정하신 것은 우리가 그 행위 가운
데서 걷게 하려 하심이니라."(엡2:8-10)

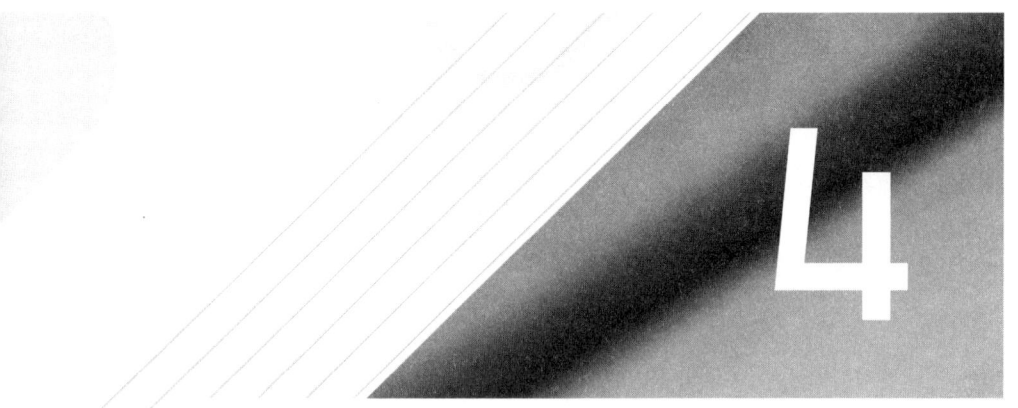

4

4부 _ 간증

섭식장애
(eating disorder)

　Y가 진찰실 문을 열고 들어왔다. 12세 소녀였다. 일견 북한에서 탈출한 꽃제비가 아닐까 하는 생각이 들었다. 광대뼈를 위시해 위턱과 아래턱의 윤곽이 선명하였으며 비쩍 마른 얼굴이었다. 잘 먹지 않아 병원에 오게 되었다는 얘기를 듣고 나서 진찰을 위해 옷을 벗기고 살펴보니 사지와 몸통은 더욱 가관이었다. 피부는 있었지만 그야말로 골격계의 해부학적 구조가 그대로 드러나는 모습이었다. 순간 '신경성 식욕부진'(anorexia nervosa)일 것이란 느낌이 들었다. 입원하여 수일간 각종 정밀검사를 시행한 결과 역시 예상대로 기질적 병변은 발견되지 않았다.

자신이 몹시 말랐는데도 뚱뚱하다고 생각하여 음식을 거부하는 신경성 식욕부진에서처럼 심한 경우는 아니더라도, 식욕이 떨어지거나 없어져 고통 받는 이들을 적지 않게 볼 수 있다. 물론 감기 몸살만 걸리더라도 식욕이 없을 수 있는데, 오랜 기간 평소에 먹던 양보다 음식물 섭취량이 줄거나 전혀 먹지 못하게 된다면 암, 결핵, 우울증 등 특별한 기저질환이 있는지 또는 식욕부진으로 인한 합병증이 발생하였는지 확인해보는 것이 필요하다.

폭식증(bulimia) 또한 신경성 식욕부진과 함께 현대에 들어 점차 그 발병이 증가하고 있는 섭식 장애이다. 폭식증에 걸리면 섭식에 대한 조절 능력을 잃어버려 지나치게 많은 음식을 '폭식'-요즘 예능식 표현으로는 '흡입'이 더 어울릴지 모르겠다.-한 후, 체중이 증가되는 것을 막기 위해 구토나 설사를 유도하거나 지나친 운동을 하는 등 부적응적인 행동을 보이게 된다. 폭식증이 과식과 다른 점은 음식 섭취를 조절하는 능력이 상실되었기 때문에 배가 불러도 계속 먹는다는 것이다.

이식증(pica)은 어린이에서 주로 발생하는 섭식 장애로 반복적 또는 만성적으로 음식이 아닌 물체를 먹는 습관 장애이다. 진흙, 털, 재, 페인트, 숯, 머리카락 등 다양한 물체를 섭취하게 된다. 물론 성인에서도 이식증이 생길 수 있는데 이 경우 보통의 음식물 외에 (북한 정치범 수용소에서 많이 보듯) 주로 진흙이나 흙을 먹는다. 이식증은 또한 시간이 지나서 폭식증이나 신경성 식욕부진과 같은 다른 섭식 장애로 이행될 수도 있다.

신경성 식욕부진, 폭식증, 이식증 등의 섭식 장애가 의심되면 반드시 전문의를 찾아가 진단을 받고 적절한 치료를 신속히 해야 한다. 왜냐하면 다양한 합병증이 있을 수 있고 예후가 불량한 경우도 적지 않기 때문이다. 특히 신경성 식욕부진의 경우 전체적인 사망률이 5-18%까지 보고되고 있기 때문이다.

그런데 우리 그리스도인들에겐 또 다른 섭식 장애들이 생길 수 있다. 즉 영적 식욕부진, 영적 폭식증, 영적 이식증 등에 걸릴 수도 있다.

그리스도인이란 '하나님의 말씀' 인 예수님을 구주로 영접할 때 얻게 되는 새로운 신분이다(요1:1-3;12-14; 5:39; 14:6; 행11:26). 그리고 하나님의 자녀로 새롭게 태어난 후에는 하나님의 말씀을 섭취하여야 영적으로 자라날 수가 있게 된다(요6:27상; 벧전2:2).

> "새로 태어난 아기들로서 말씀의 순수한 젖을 사모하라. 이것은 너희가 그 젖으로 말미암아 성장하게 하려 함이라."(벧전2:2)

> "썩어 없어지는 양식을 위해 수고하지 말고 영존하는 생명에 이르도록 항상 있는 그 양식을 위해 수고하라."(요6:27상)

그렇지만 구원받고 교회에 다니면서도 하나님의 말씀인 성경을 어떤 이유에서든지 제대로 섭취하지 못한다면 우리는 영적 식욕부진에 걸려 그리스도인다운 삶을 살아갈 수 없게 된다. 또한 자신이 생각할 때 성경을 너무 많이 읽었기 때문에 이제는 균형 잡힌 삶을 위해 오히려 세상적인 것을 추구해야 한다거나 아니면 단지 성경적 지식만을 위해 성경을 계속 읽는다면 영적 폭식증이라 볼 수 있다. 아울러 성경 대신 다른 것들을 하나님의 말씀인양 받아들이게 된다면 영적 이식증에 걸려 이단이나 사이비에 빠질 수도 있게 되는 것이다.

Y에게서 이메일이 왔다. Y가 입원하고 있는 동안 그를 위해 기도하며 졸저 '성서건강학'을 선물하였는데 이 책을 읽고 다음과 같이 독후감을 보내왔다.

"~ 하나님께서는 인간을 창조하셨고 인간의 건강을 위해 성경에 인간이 건강을 지킬 수 있는 방법을 남겨두셨다. 이는 하나님께서 최상의 의사이시고 성경은 최고의 '건강보감'이라는 것을 알 수 있다.

인간은 영과 육과 혼으로 이루어져 있다고 한다. 영과 육과 혼은 인간이 죽었을 때 확실히 구분된다. 육은 흙으로 돌아가고 영은 위로 올라간다. 이 때 혼은 심판을 받아 천국이나 지옥으로 가게 되는데 예수님을 인격적인 구원자와 주님으로 영접하면 천국으로 갈 수 있다. 어떻게 하면 천국에 갈 수 있을지 고민하였는데 이번 기회에 그 고민을 해결할 수 있었다는 것이 너무 기쁘고 뿌듯했다.

나는 끝에 나오는 기도문을 따라 하나님께 기도드렸다. '저는 제가 거룩하신 하나님 앞에서 죄인이며, 영원한 지옥의 형벌을 받아 마땅한 존재임을 알게 되었습니다. 저를 사랑하시는 하나님께서 예수 그리스도를 이 세상에 보내서서 죄인인 저를 대신해서 모든 형벌을 받게 하신 사실도 알게 되었습니다. ~ 저는 이 예수님을 신뢰하며 그분께서 부활하신 것을 믿으며 저의 구원자와 주님으로 모셔들입니다. 이제부터 영원토록 주님을 사랑하고 주님의 명령에 순종하며 다른 이들을 예수님께로 인도할 수 있도록 도와주시기 바랍니다. 다시 한 번 저를 영원한 지옥의 형벌로부터 구원해 주시고 천국과 영원한 생명을 주신 은혜에 감사를 드리며 이 모든 것을 주 예수님의 이름으로 기도합니다. 아멘.'

기도를 드리며 나는 정말 큰 다짐을 했다. 모든 일에 감사하며 건강해지기를, ~ 항상 기도하며 예수 그리스도를 내 구원주로 삼아 정성껏 모실 것이다.

그리고 씩씩하게, 적극적으로 치료받고 어서 건강해질 수 있도록 노력할 것이다. 내 의지와 하나님과 예수 그리스도의 힘과 의학의 힘을 합쳐 건강해질 것이다.~"

우리는 짧은 나그네 인생을 살아가면서 육신의 장막을 벗어가는 가운데 있기 때문에 섭식 장애를 비롯한 여러 가지 질환에 걸릴 수가 있다 (고후5:1-4; 벧후1:13,14). 그런데 다른 질병에서처럼 섭식 장애에서도 최고의 치료는 예방이다. 그리스도인으로서 섭식 장애에 걸리지 않도록 하나님의 말씀을 매일매일 온전히 섭취하는 새해가 되기를 소망한다.

하늘의 비전
(the heavenly vision, 행26:19)

어린 시절 부모의 이혼으로 친척집을 전전하다 신문보급소에서 생활하며 야간대학을 나온 A를 처음 만난 것은 이십년 전이었다. 그는 어려움이 생길 때면 도와달라며 찾아오곤 했지만 벤처기업을 창업하여 수십억을 주무르고 나서부터는 한동안 소식이 없었다.

그러던 그가 자기 회사를 말아먹고 나서 다시 연락을 해왔다. 십여 년 A를 위해 기도해왔던 터라 이제 하나님께서 그를 만져주심을 바라고 함께 성경공부를 시작했다. 한때는 통일교에 몸담고 있었고 또 나름대로 이 교회, 저 교회 기웃거리며 터득한 잘못된 신앙관을 고수하고 있던 A가 차츰 진리의 말씀에 눈을 떠가기 시작했다.

그리고 얼마 후 A는 확실히 예수님을 자신의 인격적인 구원자와 주님으로 영접을 하였다. 아울러 평소 구박하였던 부인에게도 용서를 구하였고 이어 온 가족이 예수님께로 돌아오게 되었다.

고등학교 졸업 후 약 삼십년 만에 공식적인 자리에서 B를 만났다. 너무 반가워 졸저 「성경으로 세상보기」를 그에게 선물하였다. 며칠 후 B에게 전화가 왔다. 필자가 출석하고 있는 교회에 나가도 좋겠냐는 것이었다. 가정에 아픔이 있었고 건강에도 심각한 위기가 있었으며 경제적으로도 엄청난 손실을 입은 B와 함께 성경공부를 시작하였다.

한때는 국선도의 사범으로서 많은 이들에게 나름대로의 진리를 가르쳐왔던 그였기에 하나님의 말씀이 확실히 그 마음을 녹이기까지 일년 이상의 긴 시간이 필요하였다. 마침내 지난겨울 교회 근처 중국집에서 B는 자신의 입술로 분명히 예수님을 그리스도로 모셔들이는 기도를 하였다. 이후 이제껏 결코 맛볼 수 없었던 평강을 누리게 되었다는 B는 아직 구원받지 못한 가족들을 위해서 기도하며 매일 하나님의 말씀을 좇아가는 삶을 살아가고 있다. 또한 언젠가는 옛날의 자기와 같은 뉴에이저들에게 예수님을 전할 소망을 품으면서….

독실한 천주교인인 C가 목요성경공부 시간에 동료교수의 권유를 받고 참석하였다. 질문에 대한 답을 하는 형식으로 진행되는 성경공부라 그는 천주교적인 관점에서 여러 질문을 하였다. 그럴 때마다 성경에는 그렇게 되어 있지 않다며 그의 주장이 틀렸음을 확인해주곤 하였는데 그때마다 C는 안색이 변하면서도 자기주장을 굽히지 않았다.

여러 형제자매들이 그를 위해 계속 기도하는 가운데 그는 신기하게도 성경공부에 지속적으로 출석하였다. 그리고 6개월 뒤 C는 자기 집에서 졸저 「똥 이야기」 부록에 나와 있는 내용대로 예수님을 구주로 영접하는 기도를 하였다.

이후 C는 성경말씀을 올바로 선포하는 교회에 출석하여 구원간증을 하고 침례를 받았으며 여러 가지 어려운 상황 가운데에서도 구원의 하나님을 찬양하는 삶을 살아가고 있다.

갑자기 D 전공의로부터 전화가 왔다. 오늘 밤에 찾아뵙고 싶다는 것이었다. 병동 일을 빨리 마치고 9시에 만나기로 하였다. 필자의 연구실로 들어온 D는 마치 빌립보 간수처럼 질문을 하였다. "어떻게 하여야 구원을 받나요? 천국과 지옥은 확실히 존재하는 것인지요?"

의대생 시절 필자가 소아청소년과 임상실습을 마친 학생들에게 졸저 「성경으로 세상보기」를 선물하며 예수님을 전했던 것이 그에게는 잊히지 않았던 모양이었다.

필자는 새벽 1시 반까지 성경을 펴놓고 우리가 어디서 와서 어디로 가는지, 그리고 인생의 결국이 어떠한지 D에게 차근차근 설명을 해주었다. 그러자 D는 머뭇거리지 않고 예수님을 구주로 영접을 하였다. 비록 지금은 바쁜 전공의 신분이라 주일에 어느 교회에도 나가지 못하고 있지만 어쩌다 병원 안에서 마주칠 때 필자를 향해 미소 지으며 같은 천국 시민으로서 누리는 기쁨을 표시하곤 한다.

　하나님께서는 필자에게 많은 은혜를 베풀어주셨다. 특히 필자가 1990년부터 지금까지 월간 「건강과 생명」의 편집인을 맡아 건강에 관심이 많은 현대인들에게 복음을 전하도록 허락해주셨다. 그러는 가운데 말씀을 연구하고 신앙칼럼을 쓸 수 있도록 은혜를 더하여 주셨다.

　아울러 교회와 직장에서 성경을 가르칠 수 있도록, 그럼으로써 필자가 영적으로 나태해지지 않도록 도와주셨다.

　비록 아직도 실수와 부족함이 많지만, 주님 다시 오시는 그 순간까지 한 영혼이라도 더 주님께로 인도하는 삶을 살아갈 수 있기를 소망한다.

특별한 결혼식

나는 평소 여행을 좋아하지 않는다. 아니 매우 싫어한다는 것이 더 정확한 표현일 것이다. 첫째는 시간에 늘 쫓겨 지내기 때문이요, 둘째는 여행 자체가 쉼을 주기보다 오히려 피곤을 가져다 줄 수 있다고 여기기 때문이다. 그런데 지난 달 큰마음을 먹고 아들과 함께 해외여행을 다녀오게 되었다.

지구상에 존재하는 파라다이스 중 하나로 불리는 하와이에 간다고 하니 많은 이웃들이 잘 쉬고 잘 놀다 오라며 덕담을 건네고 또 일부는 무척 부러워하기도 하였다. 그러나 왕복 스무 시간 가까운 비행시간이 소요되는 이번 여행의 목적은 아주 특별한 축복의 현장에 동참하기 위함이었다.

이 휴가는 사실 수개월 전에 계획된 것이었는데 그 이유는 아들의 친구 H의 결혼식에 일찍이 초대를 받았기 때문이었다. H는 현재 미국 뉴욕에서 직장을 잡고 있으며 외국인인 그의 신부도 뉴욕에서 일하고 있어서 양가 가족들이 모여 조촐히 치르기에 가장 안성맞춤이라 생각되는 결혼식 장소로 하와이를 택하게 된 것이라고 하였다.

아들과 H는 약 십년 전 미국에서 처음으로 만나 알게 된 사이였다. 당시 아들이 유학생활에 여러모로 어려움을 겪고 있을 때 같은 유학생이지만 미국 생활에 먼저 잘 적응하고 있던 H가 아들을 지지해주고 세심하게 살펴주어서 아들이 학교생활을 해 나가는 데 큰 도움을 받았었다.

H에 대해 늘 고맙게 생각하고 있던 어느 날 아들로부터 H가 아직 구원을 받지 못했다는 얘기를 듣고 깜짝 놀랐다. (소위 모태신앙으로) 기독교 가정에서 자라났고 교회 오케스트라에서도 활동을 해왔으며 부친이 목사이자 신학교 교수이신데 아직 구원을 받지 못하였다니. 순간 H에 대해 엄청난 영적 부담이 생기기 시작했다.

학부에서 세 가지 분야를 전공할 정도로 매우 총명하며 기독교 철학도 훤히 꿰고 있고 설교의 서론만 듣고도 결론을 미리 예측할 수 있는 기독교전문가(?)인데 아직 예수님을 구주로 영접하지 못하고 있는 H를 위해 내가 할 수 있는 것은 기도밖에 없었다.

H를 위해 기도를 시작한 지 수년 뒤 한국을 방문한 H와 만날 기회가 있었다. 어쩌면 처음이자 마지막일 수도 있을 거라는 생각이 들어 일방적으로 약 한 시간 반 동안 나의 세계관과 신앙관에 대해 강의 내지는 설교를 하고는 헤어졌다.

그 다음 날 아들로부터 H에 대해 놀라운 이야기를 전해 들었다. H가 전날 밤 예수님을 구주로 영접하였다는 것이었다. 고문에 가까운 내 이야기를 듣고 난 후 그동안 기독교에 관한 퍼즐 게임에서 한 가지 남은 마지막 조각이 맞춰져서 예수님을 구주로 믿게 되었다는 것이었다.

그래서 당시 미국에 있던 여자 친구 곧 지금의 신부에게 바로 전화를 걸어 그녀에게 복음을 전하고 그녀가 예수님을 믿지 않으면 자기도 함께 지옥에 가겠다고 하였는데 그녀도 바로 예수님을 구주로 영접하게 되었다고 하였다. 그리고 주무시고 계시는 부모님을 깨워 이제 자기도 예수님을 확실히 구원자와 주님으로 받아들였음을 고백하였다는 것이었다. 할렐루야!

나는 비록 여행을, 특별히 장거리 비행을 매우 싫어하지만 나에게 큰 은혜를 선물한 이 신랑신부가 새로운 출발을 하는 결혼식에는 기꺼이 참석하여 이들을 진정으로 축복하고 싶었다. 그러나 호사다마라고 했던가. 하마터면 인천공항에서 탑승을 할 수 없을 뻔했던 예기치 않은 세 가지 사건이 발생하였다. 그렇지만 하나님의 은혜로 이를 잘 해결한 후 도착한 하와이의 첫 인상은 역시 인구에 회자되는 대로 지상낙원이었다. 하나님께서 보시기에 좋았다고 하신, 아담과 이브의 타락 이전 완전한 창조세계가 펼쳐지는 듯하였다.

특히 터틀 베이 리조트에서의 야외 결혼식은 너무나도 멋진 풍광 가운데 진행되어 마치 에덴동산에서 열렸던 인류 최초의 결혼식을 재현하는 것은 아닌가 하는 착각이 들 정도였다. 광활한 비취 빛 바다와 넘실대는 파도, 높디높은 푸른 하늘과 데칼코마니를 연상케 하는 기묘한 형상의 구름 조각들, 아름드리 야자수들과 잘 어우러진 생명감 넘치는 초록 잔디밭을 배경으로 펼쳐진 H의 결혼식은 아마도 주님 뵈올 때까지 이 세상에서 다시는 경험할 수 없는 복된 결혼식일 것이라는 생각이 들었다.

결혼식이 끝난 후 H와 잠시 대화를 나눌 수 있었다. 이번에는 상황이 바뀌어 내가 H의 얘기를 주로 듣게 되었다. 미국인들도 들어가기가 매우 힘든 세계 굴지의 회사에서 근무하게 된 것을 오로지 주님의 은혜로 돌리고 또 신부와 함께 교회 예배에 기쁨으로 참여하며 일주일에 한두 번은 노방 전도도 나간다는 H의 간증을 들으면서 H가 이제는 또 다른 결혼식을 준비하고 있구나 하는 생각이 들었다.

그렇다. 구원 받은 하나님의 자녀라면 당연히 H처럼 그리스도의 신부로서 맞이하게 될 어린양의 혼인 잔치를 예비하는 삶을 살아가야 하는 것이리라. H의 결혼식을 통해 나도 다시 한 번 주님의 신부로서 합당한 삶을 살아가기를 다짐하면서 H의 결혼식을 주관하셨고 또한 이제 곧 어린양의 결혼식을 주관하실 하나님 아버지께 영광과 존귀와 감사를 올려드렸다.

▌ "우리가 즐거워하고 기뻐하며 그분께 존귀를 돌릴지니 어린양의 혼

인 잔치가 이르렀고 그분의 아내가 자신을 예비하였도다. 또 그녀가 깨끗하고 희고 고운 아마포 옷을 차려입도록 허락하셨는데 그 고운 아마포는 성도들의 의니라, 하더라."(계19:7, 8)

5

5부 _ 성경 이슈

자녀교육과 체벌

귀신유감

성경관

자녀교육과 체벌

1. 들머리

미국의 오바마 대통령도 여러 차례 공식석상에서 언급한 바 있지만 우리나라에서 자녀교육만큼 삶의 우선순위에 놓인 항목은 없을 것으로 생각이 든다. 거의 모든 한국 가정의 아킬레스건이라 할 수 있는 자녀교육을 어떻게 하면 보다 잘 할 수 있는지 많은 부모들이 늘 고민하며 엄청난 시간과 에너지를 쓰고 있는 것이 작금의 현실임을 아무도 부정하지 못할 것이다.

그러나 안타깝게도 자녀교육의 여러 방편 중 유독 체벌에 대해서는 그 중요성을 간과하고 있는 가정이 날로 늘어나고 있는데 이는 인본주의 교육학이 자녀교육의 황금률로 오래전부터 자리를 잡았기 때문이며 또한 체벌에 대한 부정적이고 선정적인 정보들이 최근 들어 더욱 홍수를 이루며 쏟아져 나오고 있기 때문이다.

전문 의학 검색을 하면 보다 더 정확히 알 수 있겠지만 구글의 학술검색(scholar.google.com)을 통해 체벌(spanking, corporal punishment)이란 단어를 입력해 보면 (필자가 이 글을 쓰고 있는 현재) 이와 관련된 7만9천여 편의 논문이 검색이 된다. 필자가 이 모든 논문들을 일일이 다 읽어보지는 못했지만 메타분석(meta analysis)을 한 논문들을 위시해서 필자가 접한 모든 논문들은 한결같이 체벌의 다양한 문제점들만을 보고하고 있을 뿐이다.

그렇다면 체벌은 공교육현장은 별도로 하더라도 가정에서 자녀교육에서 정말 무익한 것이며 더 나아가 자녀를 망치게 하는 요인이 되는 것인지 살펴보지 않을 수 없다.

2. 체벌로 인한 문제

체벌로 인해 각종 신체적, 정신적 합병증이 올 수 있으며 급기야는 최근 전 국민이 경악해마지 않았던 '울산 계모 의붓딸 살인 사건'에서 보듯 목숨까지 잃을 수 있음은 주지의 사실이다.

미국 소아청소년과 의사 씨어즈(Sears) 박사는 '자녀를 때리지 말아야 하는 10가지 이유'를 다음과 같이 이야기 하고 있다. (www.askdrsears.com)

① 때리는 것(hitting)은 아이에게 때리는 것을 본받게 한다.

② 때리는 것은 아이의 자존감을 떨어뜨린다.

③ 때리는 것은 부모의 자존감을 앗아간다.

④ 때리는 것은 학대로 이어질 가능성이 높다.

⑤ 때린다고 아이의 행실이 좋아지지 않는다.

⑥ 때리는 것은 실제로 성경적이지 않다.

⑦ 때리는 것은 부모와 자녀 모두를 화나게 한다.

⑧ 때리는 것은 안 좋은 기억을 되살린다.

⑨ 학대하며 때리는 것은 오랜 기간에 걸쳐 나쁜 영향을 준다.

⑩ 체벌(spanking)은 효력이 없다.

이상과 같은 씨어즈 박사의 주장은 나름대로 수긍이 가는 부분도 있지만 이 중 체벌이 성경적이지 않다는 것과 결론적으로 체벌은 효력이 없다는 견해는 결코 받아들일 수 없다.

3. 체벌은 성경적이지 않다?

씨어즈 박사는 성경 구절을 핑계로 아이에게 체벌을 가해서는 안 된다고 하면서 회초리(rod)에 대한 해석을 달리하고 있으며 또 많은 학술 보고와 자신의 경험을 통해 체벌의 무용함을 주장하고 있는데 사실 이와 같은 논리는 이미 인류의 태동과 더불어 에덴동산에서 등장하고 있다(창3:1-7).

"이제 뱀은 주 하나님께서 만드신 들의 어떤 짐승보다 더 간교하더라. 그가 여자에게 이르되, 참으로 하나님께서 말씀하시기를, 너희는 동산의 모든 나무에서 나는 것을 먹지 말라, 하시더냐? 하니 여자가 뱀에게 이르되, 우리가 동산의 나무들의 열매는 먹어도 되나 동산의 한가운데 있는 나무의 열매에 관하여는 하나님께서 이르시되, 너희는 그것을 먹지도 말고 만지지도 말라. 너희가 죽을까 염려하노라, 하셨느니라, 하매 뱀이 여자에게 이르되, 너희가 절대로 죽지 아니하리라. 너희가 그것을 먹는 날에 너희 눈이 열리고 너희가 신들과 같이 되어 선악을 알 줄을 하나님이 아시느니라, 하니라. 여자가 보니 그 나무가 먹기에 좋고 눈으로 보기에 아름다우며 사람을 지혜롭게 할 만큼 탐스러운 나무이므로 그녀가 그 나무의 열매를 따서 먹고 자기와 함께한 자기 남편에게도 주매 그가 먹으니라. 그들 두 사람의 눈이 열리매 그들이 자기들이 벌거벗은 줄을 알고는 무화과나무 잎을 함께 엮어 자기들을 위해 앞치마를 만들었더라."(창3:1-7).

하나님께서는 분명 "동산의 모든 나무에서 나는 것은 네가 마음대로 먹어도 되나 선악을 알게 하는 나무에서 나는 것은 먹지 말라. 그 나무에서 나는 것을 먹는 날에 네가 반드시 죽으리라."(창2:16,17)고 하셨지만 뱀과 이브는 하나님의 말씀을 '자의적'으로 '해석'하여 하나님의 말씀을 거역하는 행동을 하게 되었다.

4. 성경에서의 체벌

하나님께서는 자녀의 체벌에 대해서도 누구나 알기 쉽게 명확히 말씀하고 계신다(잠10:13-29:17).

> "명철이 있는 자의 입술에서 지혜를 찾으려니와 명철이 없는 자의 등을 위해 회초리가 있느니라."(잠10:13)

> "회초리를 아끼는 자는 자기 아들을 미워하거니와 그를 사랑하는 자는 어릴 때에 그를 징계하느니라."(잠13:24)

> "심판은 비웃는 자를 위해 예비되어 있으며 채찍은 어리석은 자의 등을 위해 예비되어 있느니라."(잠19:29)

> "파랗게 멍든 상처는 악을 깨끗이 없애나니 이와 같이 채찍도 뱃속의 여러 부분을 깨끗하게 하느니라."(잠20:30)

> "아이가 마땅히 갈 길로 아이를 훈련시키라. 그리하면 그가 늙어서도 그 길을 떠나지 아니하리라."(잠22:6)

> "아이의 마음에는 어리석음이 매여 있거니와 바로잡는 회초리가 그것을 몰아내어 그에게서 멀리 떠나게 하리라."(잠22:15)

"아이를 바로잡는 것을 금하지 말라. 네가 그를 회초리로 때릴지라도 그가 죽지 아니하리라. 너는 그를 회초리로 때려서 그의 혼을 지옥에서 건질지니라."(잠23:13,14)

"드러내어 꾸짖는 것이 은밀하게 사랑하는 것보다 나으니라."(잠27:5)

"회초리와 꾸짖음은 지혜를 주거니와 제멋대로 버려둔 자식은 자기 어머니에게 수치를 가져오느니라."(잠29:15)

"네 아들을 바로잡으라. 그리하면 그가 네게 안식을 주고 참으로 네 혼에게 기쁨을 주리라."(잠29:17)

그렇다. 체벌은 우리를 사랑하시는 하나님의 실제적인 명령이다. 그러나 체벌(spanking)은 학대(abuse)와는 완전히 다른 것이다.

5. 아동 학대

얼마 전 전남 보성 한 교회 사택에서 목사인 아버지의 가혹행위로 인해 삼 남매가 숨진 채 발견되는 사건이 일어났다. 감기에 걸려 기운이 없는 어린 삼 남매를 잡귀가 붙어 있으니 이를 몰아내야 한다면서 이틀에 걸쳐 허리띠와 파리채로 40여 차례 마구 때려 숨지게 하였는데 경찰 조사 결과 박씨 부부는 '채찍으로 때릴지라도 죽지 아니하고 채찍으로 때리면 영혼을 구원하리라'(잠23:13,14, 개역) 및 '유대인들에게 사십에 하나 감한 매를 다섯 번 맞았으며'(고후11:24, 개역) 등의 성경 구절에 따라 삼 남매를 때려 숨지게 한 것으로 드러났다.

이 사건은 성경적 체벌이 아니라 마귀의 또 다른 속임수에 놀아나 하나님의 말씀을 왜곡하여 초래한 아동학대에 불과한 것이다. 아마도 이들 부모에겐 '자녀를 노엽게 하지 말고 오직 주의 교육과 훈계로 양육하되 사람의 진노가 하나님의 의를 이루지 못한다'는 하나님의 말씀이 오히려 사탄의 속삭임으로 들렸을 것이다(엡6:4; 골3:21; 약1:19,20)

> "또 너희 아버지들아, 너희 자녀들을 노엽게 하지 말고 오직 주의 교육과 훈계로 양육하라."(엡6:4)

> "아버지들아, 너희 자녀들을 노엽게 하지 말라. 그들이 낙담할까 염려하노라."(골3:21)

> "그러므로 내 사랑하는 형제들아, 사람마다 듣기는 빨리 하고 말하기는 더디 하며 진노하는 것도 더디 하라. 사람의 진노가 하나님의 의를 이루지 못하느니라. (약1:19,20)

6. 성경론

이 사건이 보도된 기사에 달린 수많은 댓글을 보면 한결같이 성경의 축자영감설(逐字靈感說, verbal inspiration)을 부정하면서 성경을 문자 그대로 읽는 방식은 잘못된 것이며 성경은 인간에 의해 편집된 오류투성이의 책으로 폄하하고 있다.

그러나 창세기부터 요한계시록까지 66권의 신구약 책들은 하나님의 완전한 계시이며 완전한 축자 영감으로 기록되어 무오하며(딤후3:16,17; 벧후1:21; 살전2:13; 요17:17) 창조, 과학, 지리학, 연대학, 그리고 역사학적인 측면에서도 전혀 오류가 없는 진리의 말씀이다.

성경에 따르면 '영감 과정' 즉 '하나님께서 숨을 불어넣으시는 과정'은 인간 저자에게 있는 것이 아니요, 그들이 적은 기록에 있다(딤후3:16,17; 고전2:13). 성경의 저자들은 '하나님의 거룩한 사람들'로서 성령의 감동을 받아(벧후1:21; 행1:16) 기록하였으므로 이 기록은 초자연적이고 완전하고 무오하며 축어적으로 영감된 말씀이 되었다. 이런 사례는 지금까지 없었으며 앞으로도 그 어떤 기록에서도 발견될 수 없을 것이다(딤후3:16,17).

그리고 성경내의 모든 기록은 주 예수 그리스도의 인격과 사역 및 그분의 초림과 재림에 맞추어져 있다. 또한 모든 성경은 우리의 실생활의 지침이 되며(막12:26,36; 딤후3:16,17), 참된 그리스도인들이 하나되는 일에 구심점 역할을 하고(요17:17), 사람의 온갖 행실과 신조와 견해들을 시험할 최종적인 표준이 된다(고후5:10; 계20:12).

또한 하나님께서는 약속하신 대로 자신의 말씀(히브리어, 아람어, 그리스어로 주신 원본 성경)을 순수하게 보존(시12:6,7; 78:1-8; 119:89,111,152,160; 사30:8; 40:6-8; 전3:14; 마4:4; 5:17,18; 24:35; 28:20; 요10:35; 골1:17; 벧전1:23-25; 요이2 등등)하셔서 모든 세대에 전해지도록 하셨다.

7. 혼내기 원칙

그래서 진정 거듭난 그리스도인들은 성경 말씀을 최종 권위로 여기며 체벌을 포함한 자녀 교육을 성경적 가르침에 따라 행하려 하는 것이다.

그런데 성경 말씀을 잘 모르더라도 자녀 교육에 체벌이 필요하다고 생각하는 이들이 있다(롬2:15). 최근 한 포털사이트에 '혼낼 때의 10가지 원칙'이란 글이 게시되었는데 차제에 그리스도인들도 참조하여 유익이 될 내용이라 여겨져 이를 소개하고자 한다.

① 자녀의 나쁜 버릇을 바로잡기 위해서는 먼저 타이르는 게 중요하다.

② 미래의 행동에 대한 가르침이 뒤따라야 한다.

③ 일관성을 가지고 꾸짖는 것도 중요하다.

④ 체벌을 할 때는 원칙을 정해놓고 미리 부적절한 행동의 결과를 경고한 후 계획 하에 한다.

⑤ 야단을 치거나 매를 들어야 한다면 '그 자리에서 바로' 하는 것이 좋다.

⑥ 남이 보는 앞에서 꾸짖는 것도 피해야 한다.

⑦ 잘못을 지적할 때는 잘못된 행동 하나에 대해서만 지적하고, 이후 다시 언급하지 않아야 한다.

⑧ 아이가 잘못을 했을 때는 왜 그런 행동을 했는지 이유를 들어본다.

⑨ 아이가 언어적으로 자신을 표현할 수 있게 되고 사고력이 생기게 되면, 아이와 함께 벌의 내용과 기준을 정하는 게 좋다.

⑩ 제3자를 끌어들이지 않아야 한다.

8. 마무리

　최고의 자녀교육법은 사랑이라고 하는 데 아무도 이의를 제기하지 못할 것이다. 그러나 아이를 이해하고 배려하고 자신감을 키워주고 사랑으로 감싸는 구체적인 방법 가운데 회초리가 필수인 사실을 아는 부모는 거의 없는 것 같다. 오히려 자녀에게 매를 들면 아동학대가 된다는 식의 잘못된 주장이 점점 일반화되어 가고 있는 것이 오늘의 현실이다.

　또한 이미 씨어즈 박사나 보성의 박 목사의 경우에서 보았듯이 같은 그리스도인이라고 하면서도 성경을 양극단으로 왜곡하여 실행함으로써 수많은 이들에게 올바른 성경적 세계관을 갖지 못하게 하는 것도 엄연한 오늘의 영적인 현실이다.

　필자는 두 자녀를 키우면서 회초리를 무척 많이 들었다. 아이들이 잘못하였을 때 성경(특히 잠언)을 읽고 회초리로 징계한 후 같이 기도하고 마무리를 하곤 하였다. 욕을 하거나 직접 손발을 이용한 체벌을 한 적은 없었다. 그 이유는 성경이 그렇게 하라고 가르치기 때문이었다(잠10:13-29:17; 엡6:4; 골3:21; 약1:19,20).

　부모가 감정적으로 아이를 화풀이 대상으로 삼아 때리는 경우는 분명 아이에게 심각한 상처를 줄 수 있지만 성경적인 올바른 체벌은 예방주사를 맞는 것처럼 자녀에게 유익이 된다. 이때 꼭 필요한 도구가 회초리인 것이다(잠13:24).

> "회초리를 아끼는 자는 자기 아들을 미워하거니와 그를 사랑하는 자는 어릴 때에 그를 징계하느니라."(잠13:24)

귀신유감

(鬼神有感)

얼마 전 제주도에서 열린 '아시아 태평양 소화관운동학회' 에 참석할 기회가 있었다. 2박 3일간의 빡빡한 일정 속에 세계적인 석학들의 강의를 들으면서 시쳇말로 '머리에 쥐가 나는 낮 시간' 을 보내게 되었다. 그러나 둘째 날 저녁에는 주최측이 특별히 마련한 '난타' 공연을 잠시 본 후 동료 선후배 의사들 여러 명이 함께 중문단지를 산책하며 머리를 식힐 수 있는 시간을 가질 수 있었다.

상쾌한 바닷바람, 만개한 벚꽃, 별로 수놓은 밤하늘, 그리고 많은 의료분야 가운데에서도 오랫동안 같은 길을 가고 있는 정다운 동료들로 인해 산책시간은 하루의 피로를 풀기에 아주 안성맞춤이었다. 처음에는 다양한 주제로 삼삼오오 이 얘기, 저 얘기를 나누며 제주도의 밤길을 즐겼지만 시간이 지나면서 화제는 전날 밤에 있었던 엘리베이터 사건과 관련된 귀신 이야기로 옮아가기 시작하였다.

　누군가 전날 밤 학회장소인 롯데호텔의 엘리베이터를 몇 명의 동료들과 함께 타고 있었는데 갑자기 불이 깜박거리며 엘리베이터가 이상하게 작동되는 바람에 아주 혼쭐이 났었다고 하였다. 그러자 꿈보다 해몽이라고 한 후배가 풀이하길 서울의 롯데월드를 짓는 동안 여러 명의 사람들이 목숨을 잃었는데 이 제주 롯데호텔도 규모면에서 뒤떨어지지 않으니 분명 또 여러 사람이 공사로 인해 목숨을 잃었을 터인데 바로 그 혼령들이 귀신이 되어 엘리베이터에 이상을 초래하는 것이라고 하였다.

　이어서 온갖 귀신 이야기가 등장하는 가운데 결국 진짜로 귀신이 있는 것이냐 하는 물음이 나오게 되었는데 이에 대한 증거로 성경 곧 하나님의 말씀이 비그리스도인에 의해 인용되는 해프닝이 발생하게 되었다.

　'성경이 귀신의 존재를 입증한다. 성경에 분명히 귀신이 등장하고 있지 않은가. 예수님께서도 온갖 귀신들을 친히 내쫓지 않으셨던가. 그러니 귀신이 없다고 말한다면 하나님의 말씀을 부정하는 것이다.' 이와 같은 논리는 신앙의 유무를 떠나 너무도 타당한 생각이다. 그리고 한국의 거의 모든 교회에서도 이처럼 귀신의 존재를 확실히 믿고 가르쳐오고 있는 실정이다.

그런데 정말 귀신은 존재하는 것일까?

우리는 이 문제를 풀어나가기 위해 먼저 귀신이란 무엇인지 그 정의부터 확실히 해놓아야 한다. 왜냐하면 같은 낱말을 사용하면서도 그 의미가 다르다면 결국 다른 결론에 이를 수밖에 없기 때문이다. 그렇다면 사전에서는 귀신(鬼神)을 어떻게 정의하고 있는지 살펴보자. 1997년 1월 발행된 민중 엣센스 국어사전에는 '죽은 사람의 넋' 이라 나와 있고, 어문각에서 발행한 한글학회 우리말 큰사전에도 '사람이 죽은 뒤의 넋' 이라 씌어 있다. 또 '넋' 은 '사람의 몸에 있으면서 목숨이 붙어 있게 하여 몸이 죽어도 영원히 남아 있다고 생각하는 초자연적인 것' 으로 설명되어 있다.

즉 귀신이란 죽은 사람의 혼(魂, soul)이라는 것인데 과연 그것이 성경에서 가르치는 바인가? 사람이 죽으면 몸(body)은 흙으로 돌아가고 혼(soul)은 우리 눈에는 보이지 않지만 이 세상에 남아 배회하며 우리들의 삶을 간섭한다고 하는 것이 성경의 가르침인가?

아니다.

> "한 번 죽는 것은 사람들에게 정해진 것이요 이것 뒤에는 심판이 있나니"(히9:27).

그렇다. 사람이 죽으면 그 혼(soul)은 바로 천국(Heaven; 낙원, 셋째 하늘) 아니면 지옥(hell)으로 가게 된다. 누가복음 16장에서도 부자는 죽어서 지옥에, 거지 나사로는 죽은 뒤 낙원에 갔다고 예수님께서 친히 말씀하고 계신다. 물론 그 천국과 지옥의 기준은 예수님의 보혈로 죄를 씻김 받았는지 여부에 달려 있지만 어찌되었든 죽은 사람의 혼(soul)은 더 이상 이 세상에 남아 있을 수 없다는 것이 성경의 정확한 가르침이다. 그렇다면 이 세상에서 활동하는 귀신 얘기가 성경에 수없이 등장하는데 이는 또 어찌된 영문인가? 이것은 우리가 흔히 접하여 읽어오고 있는 한글 개역 성경이 지니고 있는 한계이다.

최근에 번역 출간된 한글 흠정역 성경에는 귀신이란 단어가 하나도 나오지 않는다. 귀신 대신에 마귀(devil)로 다 번역이 되어 있다. 성경에 나오는 마귀(a devil; devils; the Devil)에 대해서 언급하기 전에 교도관으로서 청송교도소, 서울구치소 등에서 수많은 사형수들을 하나님께로 인도하였던 박효진 장로님의 개인 간증을 발췌 요약하여 들어보자.

〈하나님을 참으로 만난 후에도 제사문제는 내 마음 속에 항상 어두운 그림자로 남아 있었다. 제사 지내기가 그토록 싫어졌음에도 불구하고 마음 한 구석에 아련한 향수처럼 아쉬움이 남아 있었다. 참으로 이율배반적인 일이 아닐 수 없었다.

특히 모든 삶이 하나님 중심으로 바뀌고 난 후에도 이 갈등은 전혀 사라지지 않았다. 기도에 깊이 몰입하려는 순간마다 마귀가 길목을 가로막고 서서 제사문제를 내 앞에 내밀었으며, 나는 그때마다 정리되지 못한 나를 발견하고 수없이 주춤거려야 했다.

왜 우리 기독교는 제사문제를 그토록 극단적으로 평가하는가? 한국 전통문화로서 조상에 대한 경애와 뿌리 찾기의 한 방편으로 이해할 수는 없을까?

한 번 시작된 불신과 회의는 좀처럼 꺼질 줄 모르고 내 가슴 깊은 곳에 고집스러운 성(城)을 쌓아가고 있었다. 기쁨의 노래가 점점 사라지고, 목사님의 피를 토하는 설교마저 마음에 와닿는 강도가 줄어들고 있던 어느 날, 나는 평소에 가까이 지내던 믿음의 동역자 한 사람과 밤늦도록 기도하다가 집으로 돌아오고 있었다.

그런데 옹기도마 앞을 지나쳐 오는 순간에 썩는다는 말로는 도저히 표현할 수 없을 정도로 독한 냄새가 코를 찔렀다. 동역자와 내 눈이 마주쳤다. "가봅시다." 사냥개처럼 냄새를 따라 들어가는 우리 눈앞에 이윽고 환하게 불이 켜진 집이 나타났다.

사람들은 빨랫줄을 풀어 마당에 늘어놓고 젯상 중앙에는 돌아가신 내외분의 사진을 놓고 젯상 앞에서 절을 하고 있었다. 그런데 우리 눈앞에서는 기상천외한 광경이 벌어지고 있었다. 젯상 위는 물론이고 아래에도, 천장에도 빌로드처럼 진한 흑색의 영체(靈體)들이 온통 북적대고 있었다. 수백을 헤아리는 엄청난 마귀떼들이 온 집을 누비고 있었다. 그들은 한꺼번에 무리를 지어 종횡으로 방향을 바꾸어가면서 사람들의 몸속에까지 들락거렸다. 가히 말로 표현할 수 없는 기괴한 광경이었다.

그러나 정작 내가 놀란 것은, 아무리 눈을 씻고 찾아보아도 오늘의 주인공인 두 사람의 혼이 보이지 않는다는 것이었다. 보기에도 섬뜩한 마귀들만 헤아릴 수 없을 만큼 많이 북적대고 있을 뿐 정작 제사를 받는 사람의 영혼은 어디에도 없었다. 그 순간 내 속에 거하시는 성령님께서 나의 마음을 활짝 열어 주셨다.

'지금 네가 보는 것이 바로 사탄의 실체이며 귀신의 실상이다. 인간의 혼은 육신을 떠나면 하나님의 나라가 임하시는 그 날까지는 임의로 이 세상을 들락거릴 수 없다. 영계(靈界)에 들어간 인간의 영혼이 제삿날이라고 외출하여 제사상 앞에 찾아온다고 하는 것은 인간의 상상일 뿐! 아버지도, 할아버지도, 그 윗대 조상님들도 죽는 그 순간에 하나님의 판단을 받아 낙원과 지옥으로 구분되어 들어간다. 제삿날에 후손들이 벌여놓은 이 제사상에는 조상의 혼이 찾아오는 것이 아니라 지금 네 눈에 보이는 저 더러운 마귀들이 대신 몰려들어 무지한 인간의 영혼과 육신을 더럽히는 것이다. 그러므로 하나님께 드리는 제사 외에는 그 어느 제사라도 마귀들의 놀이터요, 인간을 더럽히는 사탄의 유희임을 알라!'

짧은 시간에 내 마음이 정리되고 있었다. 성령님의 놀라운 가르치심에 나는 식은땀을 흘리며 전율했다.〉

> "그러나 내가 말하건대 이방인들은 자기들이 희생물로 드리는 것들을 하나님께 희생물로 드리지 아니하고 마귀들에게 드리나니 나는 너희가 마귀들과 교제하는 것을 원치 아니하노라."(고전10:20)

귀신(鬼神)은 없다. 즉 사람이 죽은 뒤의 넋이 이 세상을 돌아다니는 일은 없다.

그러나 마귀(魔鬼)는 실제로 존재한다.

마귀(the Devil)는 속이는 자요, 용이요, 옛 뱀이요, 사탄(Satan)이다(계 20:1-3). 사탄의 원래 이름은 루시퍼(Lucifer)로서 하나님의 존전에 거하던 그룹(cherub)이었는데 교만으로 타락하여 인간을 속이는 자 곧 마귀(魔鬼)가 되어버렸다(사14:4-23; 겔28:11-19). 이 마귀(the Devil)의 꼬임에 아담이 넘어가 죄가 세상에 들어오게 되었으며 또 하늘의 천사들도 마귀(the Devil)에 의해 삼분의 일이 타락하여 또 다른 속이는 자인 마귀들(devils)이 된 것이다(계12:3,4).

그리하여 이 마귀와 그의 천사들은 영존하는 불(everlasting fire) 곧 불못(the lake of fire)에 들어갈 것인데(마25:41; 계20:10) 한 영혼이라도 자기들과 같이 영원토록 불못에 있도록 하기 위하여 계속해서 사람들을 속이며 복음을 듣지 못하거나 거부하도록 만들고 있다(고후11:14; 계20:8).

특히 한국인들에게는 효도사상을 이용하여 이 세상에 '죽은 사람의 혼'인 귀신(鬼神)이 존재한다고 하는 이단교리를 유포시키면서 마귀(魔鬼)는 우리의 혼(soul)을 도둑질하려 하는 것이다.

> "정신을 차리라. 깨어 있으라. 너희 대적 마귀가 울부짖는 사자같이 두루 다니며 삼킬 자를 찾나니 믿음에 굳게 서서 그를 대적하라."
> (벧전5:8,9상)

성경관

필자는 오랫동안 하나님의 말씀인 성경이 어떻게 내 손에까지 오게 되었을까를 궁금하게 생각해 왔다. 그래서 적지 않은 기간 동안 성경 역사에 관한 많은 책들을 구해 읽고 또 성경 말씀 자체가 증언하는 바를 살펴보고 나서 정말 지금 이 시간에도 하나님께서는 일점일획도 틀림이 없는 자신의 말씀을 우리가 손에 쥘 수 있도록 섭리해 오셨음을 깨닫게 되었다.

즉 1611년에 출간된 흠정역(KJB) 성경은 완전한 하나님의 말씀으로서 21세기 디지털 시대를 살아가는 모든 이들에게도 최종권위가 됨을 확신하게 되었다. 비록 우리나라에서 과격하게 KJB에 대한 주장을 펼쳐서 많은 크리스천들이 흠정역 성경을 오히려 폄하하게 되는 일도 최근에 있었지만 성경을 공부하면 할수록 흠정역 성경이 100% 무오류한 하나님의 말씀임을 알 수 있었다.

그러나 흠정역에 대한 이러한 확신을 갖고 기쁨으로 성경을 읽던 중 너무도 이해가 안되는 모순 구절을 발견하였다. 즉 열왕기하 8장 26절과 역대하 22장 2절이 똑같이 아하시야의 왕위 등극을 같은 단어들을 사용하며 언급하고 있는데 아하시야가 왕위에 오르는 나이가 무려 20년(22세 vs 42세)이나 차이가 나는 것이었다. (물론 신국제역(NIV) 등의 많은 역본은 아예 나이를 일치시켜서 모순을 없애버렸지만 한글 개역 성경과 흠정역(KJB) 성경은 분명 20년 차이가 나게 기록하고 있다.) 이것은 그전에 수없이 발견하였던 난제구절들과는 차원이 다른 내용이었다.

그래서 그 문제의 구절들을 중심으로 유대왕들의 연대에 대한 성경 기록을 메모하고 또 도표로 가계도(pedigree)도 그려가며 나름대로 차이를 알아보고자 하였으나 금방 답이 나오지 않았다. 소장하고 있던 여러 주석서들을 찾아보았지만 그 차이를 확실하게 알려주는 답이 보이지 않았다. 단지 필사과정에서 문제가 있었을 것이라는 '문제 있는' 설명만이 가끔 제시될 뿐이었다.

낙망이 되었지만 이전에 많은 난제 구절들의 해석에 대해서 도움을 받았던 대로 주변의 여러 목회자를 비롯한 신실한 형제들에게 이 문제를 풀어달라고 요청을 하였다. 시간이 제법 흘렀지만 답은 나오지 않았다. 그러던 중 한 형제가 미국 근본주의 웹 사이트에서 이에 대한 훌륭한 답을 얻었다고 자료를 전해 주었다. 그 내용은 5단계의 논리로 왕위 등극연령에 차이가 남을 설명하고 있었는데 4단계까지는 충분히 인정이 되었지만 마지막 단계로 넘어가면서는 논리의 비약이 되어 결코 그 해석을 받아들일 수가 없었다.

또 다시 낙망하며 기도하고 있던 중 금세기 최고의 강해설교자로 인정받고 있는 갈보리채플의 창시자 척 스미스(Chuck Smith) 목사님이 한국 목회자들을 위한 세미나를 미국 현지에서 개최한다는 정보를 얻게 되었다. 필자가 UCLA에서 연수하던 시절 척 스미스 목사님의 코스타 메사(Costa Mesa) 갈보리채플(Calvary Chapel) 예배에 참여하여 그분의 설교를 듣고는 큰 은혜를 받았던 적이 있었기 때문에 그분이면 이 문제를 해결해줄 수 있으리라 기대되어 휴가를 내서 세미나에 참석하였다. 그러나 태평양을 건너가 직접 전해들은 그 답은 역시 필사과정과 연관된 오류일 가능성이었다.

'그럴 리가 없는데' 하며 이 문제에 대해 거의 포기하고 있을 무렵 한 형제로부터 작은 소포가 배달이 되었다. 풀어보니 "형제님이 궁금해 하시던 것에 대한 답이 들어 있는 책입니다."라는 짧은 메모와 함께 천문학자 바우 박사(Gerardus D. Bow, Ph.D.)가 저술한 'The Book of Bible Problems' 라는 책이 들어 있었다.

약 5쪽에 걸쳐 풀이된 설명은 바로 내가 바라던 정답이었다. 한마디로 해서 동명이인(同名異人)이기 때문에 그렇게 되었다는 지극히 성경적인 해석이었다. 해를 넘겨서 답을 얻게 해주신 하나님께 진정 감사와 찬송을 올려드리지 않을 수 없었다. 또한 흠정역 성경은 변개되지 않은 완전한 하나님의 말씀이라는 사실을 다시금 확인할 수 있었기에 너무나도 기뻐서 바우 박사의 다른 출판물들도 구입하여 읽으면서 하나님께 더욱 가까이 나아가고자 하였다.

그런데 뒤늦게나마 내가 존경하는 척 스미스 목사님도 이 사실을 알았으면 좋겠다는 생각이 들어 척 목사님께 바우 박사의 글을 동봉하여 편지를 써 보내었다. 그리고 나서 2주쯤 지나 답장이 왔는데 세계적인 대목회자 - 미국에만도 천여 곳의 갈보리채플이 있으며 미국내 상위 스무 번째 안에 드는 대교회 중 반이 갈보리채플 소속임 - 답지 않게 너무나 겸손하게 필자에게 감사의 말을 하면서 이 해석은 자신이 여태껏 읽은 것 중 최고이기 때문에 잘 파일해 두었다가 사용할 것이라고 하였다.

그렇다. 필자는 확실히 초대교회부터 지금까지 하나님께서는 완전한 자신의 말씀을 우리에게 주신 것으로 믿으며 1611년 이후에는 흠정역 (KJB) 성경이 일점일획도 틀림없는 하나님의 말씀으로 주어졌음을 믿는다. 창세기부터 요한계시록까지 66권의 신구약 책들은 하나님의 완전한 계시이며 완전한 축자 영감으로 기록되었음을 믿는다. 성경은 무오하며(딤후3:16,17; 벧후1:21; 살전2:13; 요17:17) 창조, 과학, 지리학, 연대학, 그리고 역사학적인 측면에서도 전혀 오류가 없음을 믿는다.

성경에 따르면 '영감 과정' 즉 '하나님께서 숨을 불어넣으시는 과정' 은 인간 저자에게 있는 것이 아니요, 그들이 적은 기록에 있다(딤후3:16-17; 고전2:13). 성경의 저자들은 '하나님의 거룩한 사람들' 로서 성령의 감동을 받아(벧후1:21; 행1:16) 기록하였으므로 이 기록은 초자연적이고 완전하고 무오하며 축어적으로 영감된 말씀이 되었다. 이런 사례는 지금까지 없었으며 앞으로도 그 어떤 기록에서도 발견될 수 없을 것이다(딤후 3:16-17).

그리고 필자는 성경내의 모든 기록이 주 예수 그리스도의 인격과 사역 및 그분의 초림과 재림에 맞추어져 있다고 믿는다. 그리스도께로 인도함을 받은 자만이 성경(구약성경을 포함)을 제대로 읽고 이해할 수 있음을 믿는다(눅24:27,44; 요5:39; 행17:2-3; 18:28; 26:22-23; 28:23). 또한 모든 성경은 우리의 실생활의 지침이 되며(막12:26,36; 딤후3:16-17), 참된 그리스도인들이 하나되는 일에 구심점 역할을 하고(요17:17), 사람의 온갖 행실과 신조와 견해들을 시험할 최종적인 표준이 됨을 믿는다(고후5:10; 계20:12).

또한 필자는 말씀(히브리어, 아람어, 그리스어로 주신 원본 성경)의 보존에 대한 하나님의 약속을 굳건히 믿는다(시12:6-7; 78:1-8; 119:89,111,152,160; 사30:8; 40:6-8; 전3:14; 마4:4; 5:17-18; 24:35; 28:20; 요10:35; 골1:17; 벧전1:23-25; 요이2 등등). 자신의 약속에 따라 하나님은 자신의 말씀을 순수하게 지키셔서 모든 세대에 전해지도록 하셨음을 믿는다.

마지막으로 필자는 한글 개역 성경에도 분명히 하나님의 크신 섭리와 역사가 있었음을 믿는다. 즉 한글 개역 성경이 읽힘성과 간결성 등에서 뛰어나고 우리말답게 잘 표현되었으며 많은 잃어버린 영혼들이 한글 개역 성경으로 구원받았음을 믿는다. 또한 그 안에 있는 본문 중 앞서 아하시야의 왕위등극과 관련된 예에서처럼 전통적 '다수 본문'과 일치하는 부분은 분명히 보존된 하나님의 말씀이라고 믿는다.

부록 _ APPENDIX

부록 1 _ A letter to Pastor Chuck Smith

April 29. 1999

Pastor Chuck Smith
Calvary Chapel Costa Mesa
3800 South Fairview Road
Santa Ana, CA 92704
U.S.A.

Dear Pastor Smith:

Let me introduce myself to you. My name is Hann Tchah and I' m working at Seoul Red Cross Hospital as a pediatrician. Pastor Duke Kim is my brother-in-law, so I had attended your Sunday services according to his advice while I had been at UCLA medical center for 2 months in 1995. I was very impressed then by all of your preachings even though I couldn' t follow you completely because of my poor listening in English. And I really thank God for Grace has come into me so much through you thereafter.

Last year I participated in your seminar for Korean pastors since I love to hear the Word of God although I' m not a pastor. At that time I was also deeply touched by your teachings. Now I' d like to send you my thankful heart over again within this letter.

By the way, at the last session of that seminar I asked you a question as follows: "Does 2 Kings 8:26 contradict 2 Chron. 22:2 about the age of Ahaziah?" I thought that your answer was very reasonable in perspective of a theologian. After I came back to Korea I asked the same question to one of my best friends in the Lord. Then he gave me a book which has a very plausible answer about that.

I am enclosing herewith a copying part of the book entitled "the book of Bible problems". I wish that Grace do much more abound all over the world through you till the Lord come.

Thanks and God bless you and your ministry!

In Jesus Christ,

Hann Tchah

WAS AHAZIAH 22 OR 42 WHEN HE REIGNED?

2 Kings 8:26 Two and twenty years old was Ahaziah when he began to reign; and he reigned one year in Jerusalem. And his mother's name was Athaliah, the daughter of Omri king of Israel.

2 Chronicles 22:2 Forty and two years old was Ahaziah when he began to reign, and he reigned one year in Jerusalem. His mother's name also was Athaliah the daughter of Omri.

Not only does this rate as one of the most difficult and best known of the Bible's problem texts, but there are several problem texts associated with it. To begin with, we are told that Ahaziah was 22 when he became king; but the other passage says he was 42 years old.

Although it is commonly thought that there was a 20-year gap between Ahaziah's coronation and his actual reign, such does not follow from the chronology of the kings of Israel (see the Chronology Chart at the end this chapter).

Futhermore, it is occasionally said that this an error in the King James Bible. That is simply not true. It is an error in the "originals," too, as witnessed by the following two Jewish reconciliations.

Rabbi David Kimchi (born A.D. 1190) explained it by saying that Jehoram, Ahaziah's father, ruled more than the eight years attributed to him but he only exercised his royal authority for those eight years, at the end of which he fell into the power of the Arabians and suffered his illness. With that the people raised Ahaziah, who was then twenty-two, to take charge after his father who lived yet another twenty years. Upon his death, the people re-elected Ahaziah who then ruled solo for one year after his father.

The problem with this scenario is the same problem as mentioned above in connection with a twenty-year gap, namely, there is no room for such a gap in the kingdom of Israel unless Jehoram of Israel also ruled an additional twenty years beyond the length attributed to him in scripture.

Rabbi Levi ben Gershom proposed another resolution: he clamed that the forty-two years are not to be reckoned from the birth of Ahaziah, but from the start of his family' s rule, that is, from Omri. As can be seen from the Chronology Chart, this does work if one started counting from the end of Baasha' s reign at which time the Northern Kingdom, Israel, was divided, with half of the people following Tibni while the other half followed Omri (1 Ki. 16:21-22).

Despite that at times the scriptures do reckon reignal durations in such fashion as Gershom' s resolution, it does not suffice in this case. An examination of the context shows that there were two Ahaziahs. Indeed, a detailed study of the history of the kings of Judah and Israel starting with Ahab will serve to present several problem texts with their resolutions. Such a history will also set the stage for presenting the two Ahaziahs.

Ahab starts to rule Israel in thirty-eighth year of Asa king of Judah, and he rules for 22 years. Asa' s son, Jehoshaphat starts his reign in Ahab' s fourth year. He is 35 years old and rules for 25 years.

Ahab is such a wicked king that his posterity is cut off (1 Ki. 21:21). In response he humbles himself so that God postpones the cut-off until his son' s days (1 Ki. 21:29). Despite Ahab' s wickedness, Jehoshaphat "joins affinity" with Ahab by allowing the marriage of his son Jehoram with Ahab' s daughter (2 Ki. 8:18; 2 Chr. 18:1 & 21:6). This happened around the ninth year of Jehoshaphat' s reign.

In the 17th year of Jehoshaphat' s reign, Ahab makes his son Ahaziah co-regent but he reigns only 2 years (1 Ki. 22:51). During that time Ahaziah falls through an upper lattice and some time thereafter he dies of his injuries (2 Ki. 1:2 vf.). After Ahaziah' s fall, his father appoints his brother, Jehoram, to assume Ahaziah' s royal duties. Ahaziah is still alive at the time. Thus in the second year of Ahaziah and the 18th year of Jehoshaphat, there were three kings in Israel: Ahab, Ahaziah, and Jehoram. Jehoram will rule 12 years (2 Ki. 3:1).

The year that Ahaziah started his co-regency was also the year that Jehoram was named Prorex of Judah by his father, Jehoshaphat (2 Ki. 1:17). Jehoram will not assume a real co-regency for another five years (2 Ki. 8:16). Note: at this time both Israel and Judah have kings named Jehoram (or Joram). They are two different men.

After the death of his son Ahaziah, with his other son, Jehoram as co-regent, Ahab convinces Jehoshaphat to join him in a war against Syria. In the ensuing battle Ahab dies (1 Ki. 22:26 vf.) and his son Jehoram, starts to rule alone in Israel. He will rule in Israel the entire time through which the following events occur in Judah.

In 2 Chr. 21:2-4 we learn that after Jehoshaphat's death, his oldest son, Jehoram whom Jehoshaphat had appointed as co-regent, moves to consolidate his kingdom. He does so by slaying all of his brethren and some of the princes of Israel. This implies that some of the princes of Israel may have had a claim on the throne of Judah, probably because of complications resulting from Jehoshaphat's "joining affinity with Ahab." Needless to say, God is not pleased with the slaughter and he afflicts Jehoram with a disease of the bowels, until his bowels fall out and he dies.

Besides the illness, the Lord also stirred up against Jehoram the spirit of the Philistines, and of the Arabians. These killed all his sons except for Jehoahaz, the youngest of his sons (2 Chr. 21:15-17). After all this

Jehoram dies (v. 18).

At the time of his death Jehoram is forty years old (2 Ki. 8:17 & 2 Chr. 21:20). His youngest son, the only one left him, is Ahaziah and he is 22 years old when the inhabitants of Jerusalem made him king in Jehoram' s stead (2 Ki. 8:26). And this brings us to our problem text, for according to 2 Chr. 22:1, Ahaziah is 42 years old at the time: a year older than his father.

The first hint that there may be two Ahaziahs is found by comparing the starting reigns. In 2 Ki. 8:25 we read that the 22-year old Ahaziah started his reign in the twelfth year of Jehoram, king of Israel. In 2 Ki. 9:29, however, we are told that Ahaziah started his reign in the eleventh year. We are also told that Ahaziah ruled one year, but the eleventh year would dictate two years. Now it could be that Ahaziah' s coronation occurred on the eleventh anniversary of Joram' s coronation, the ceremony starting in the eleventh year of Joram and ending in the twelfth year. Or it could have taken a while for Ahaziah to consolidate his power, starting in Joram' s eleventh year and finally consolidating his power in the twelfth year. But is could be, too, that there were two Ahaziahs.

The strongest indication that there were two Ahaziahs is found in 2 Ki. 10:13. There we are told that Ahaziah has brethren! But 2 Chr. 21:17 clearly states, and 22:1 confirms it, that only seed left Jehoram of Judah is Jehoahaz, also known as Ahaziah. Besides this, it says of the 42-year old Ahaziah that "His mother' s name also was Athaliah, the daughter of Omri" (2 Chr. 22:2). Why would the scripture say "also" unless there were two of her sons in view?

The final resolution is now apparent. Athaliah, Ahab's daughter, already had a son when she married Jehoram the son of Jehoshaphat. That son's name was Ahaziah. Probably Ahaziah was old enough that he may have spent most of his days in the courts of Ahab. Some time later Athaliah bore a son to Jehoram and he was called Jehoahaz. Eventually he acquired the nickname Ahaziah. So Jehoram had sons named Ahaziah: his youngest son, and a step son who was 20 year older than his biological son. Indeed, his step son was a year or two older than Jehoram himself. This solves how Jehoram could have a son two or three years older than himself (see Chronology Chart).

Jehoram was afflicted with the disease of his bowels during the last two years of his reign (2 Chr. 21:19). Halfway through that affliction, he appointed his step son king (in the eleventh year of Jehoram of Israel). Not too long afterwards, in the twelfth year of Jehoram of Israel, the people of Jerusalem crowned the youngest son of Jehoram king. Perhaps the 22-year old Ahaziah was not up to reigning on his own. In any case, it is evident from the duration of Jehoram's reign that he died in the same year as both Ahaziahs (see the Chronology Chart at chapter's end).

부록 2 _ A letter from Pastor Chuck Smith

CALVARY CHAPEL COSTA MESA
from the desk of Pastor Chuck Smith
3800 S. Fairview Rd. Santa Ana, CA 92704
714-979-4422 fax: 714-979-8916

May 12, 1999

Hann Tchah, M.D.
Department of oPediatrics
Seoul Red Cross Hospital
164 Pyung-Dong Jongno-Gu
Seoul 110-102
Korea

Dear Dr. Hann,

I want to thank you so much for the article that you sent to me. I do believe that it is the best explanation that I have read on the concern you had regarding a possible age discrepancy of King Ahaziah during his reign. Thank you so much, I will file this and use it in the future when questions arise on the subject.

May the Lord continue to bless you and to guide you.

In His love,

Pastor Chuck

CS/lj

부록 3 _ Three kinds of people :
An Excuse for Doggish Christianity

Today's Bible verses are 1 Corinthians 2:14 through 3:17.

2:14 But the natural man receiveth not the things of the Spirit of God : for they are foolishness unto him : neither can he know *them*, because they are spiritually discerned.

15 But he that is spiritual judgeth all things, yet he himself is judged of no man.

16 For who hath known the mind of the Lord, that he may instruct him? But we have the mind of Christ.

3:1 And I, brethren, could not speak unto you as unto spiritual, but as unto carnal, *even* as unto babes in Christ.

2 I have fed you with milk, and not with meat : for hitherto ye were not able to bear it, neither yet now are ye able.

3 For ye are yet carnal : for whereas *there is* among you envying, and strife, and divisions, are ye not carnal, and walk as men?

4 For while one saith, I am of Paul; and another, I *am* of Apollos; are ye not carnal?

5 Who then is Paul, and who *is* Apollos, but ministers by whom ye believed, even as the Lord gave to every man?

6 I have planted, Apollos watered; but God gave the increase.

7 So then neither is he that planteth any thing, neither he that watereth; but God that giveth the increase.

8 Now he that planteth and he that watereth are one : and every man shall receive his own reward according to his own labour.

9 For we are labourers together with God : ye are God's husban-dry, ye are God's building.

10 According to the grace of God which is given unto me, as a wise masterbuilder, I have laid the foundation, and another buildeth thereon. But let every man take heed how he buildeth thereupon.

11 For other foundation can no man lay than that is laid, which is Jesus Christ.

12 Now if any man build upon this foundation gold, silver, precious stones, wood, hay, stubble;

13 Every man's work shall be made manifest : for the day shall declare it, because it shall be revealed by fire; and the fire shall try every man's work of what sort it is.

14 If any man's work abide which he hath built thereupon, he shall receive a reward.

15 If any man's work shall be burned, he shall suffer loss : but he himself shall be saved; yet so as by fire.

16 Know ye not that ye are the temple of God, and *that* the Spirit of God dwelleth in you?

17 If any man defile the temple of God, him shall God destroy; for the temple of God is holy, which *temple* ye are.

1. Introduction

After pondering what to speak on for some time, I chose 1 Corinthians Chapter 2 & 3, which I have been meditating on lately.

As you may be well aware, today's Korean media portrays strong emotions against Christianity.

Especially in the internet, Christianity is often referred to as 'Gae-dok-gyo', a term coined as a mixture of 'Gae', Korean word for a dog, and 'Gi-dok-gyo', a word for Christianity because of the anonymous nature of the internet. The word conveys strongly negative connotations, and what's more is that such criticism is often based upon many facts.

Let me give you an example. Recently an entrepreneur who also engaged in political activities had committed suicide, leaving behind a list of names that has caused political turmoil since his death. This man also happened to be an elder at his own church.

Here's another example. Rise-up movement is an active Christian ministry in Korea proclaiming the crookedness of the older generation and emphasizing the hopes of upcoming generation. But, their head pastor has been convicted of sexually assaulting several participants for a long time and was fired from the ministry.

I have a friend from college who now runs a large hospital. His wife has successfully brought him to church a couple of times a year, however, my friend still has not been saved yet.

One day, in spite of praying for his salvation for years, I was told by him a story I really wish I had not heard. The financial manager of his hospital who happened to be a devout Christian and an elder at church, was caught embezzling hundreds of thousands of dollars from the work.

With such criticisms against Christians, how can we possibly defend Christianity which is called also as Gae-dok-kyo?

This is why I'd like to try to defend Christianity with a sermon I named 'Three kinds of people' and at the same time, examine the status of our own spiritual conditions.

Let's pray: Heavenly Father, thank you so much for giving us much grace to worship you in spirit and in truth at IIBC this morning. I pray that you anoint all attendants here with Holy Spirit and power to grow in the knowledge of Christ or to be mature followers of you. And also bless this time to be when we go into the presence of the Lord as we are. In Jesus' precious name I pray. Amen.

2. Natural man

This Sunday morning, numerous people over the world are gathering together at their respective churches to worship the Lord. What we must realize is that we can categorize these worshippers into three distinctive groups based on their spiritual conditions.

Let's read 1 Corinthians 2:14.

"But the natural man receiveth not the things of the Spirit of God : for they are foolishness unto him : neither can he know *them*, because they are spiritually discerned."

The first category is 'natural man.' Generally, the natural man, most of the times, is translated as 'Ja Yeon Inn' in Korean text, which is actually built on evolutionary perspective, whereas Korean KJV translated it as 'Bon Sung Eh Sok Han Ja' which means 'man belongs to the nature.'

The verse 14 of chapter 2 of 2 Corinthians defines 'natural man' as the one who 'receiveth not the things of the Spirit of God.' This refers to people without Spirit of God, or the people who were not saved.

Of course, You can come to church, worship God, give more than 10%, be part of choir, be Sunday school teacher, and even be an elder or a pastor and still not be saved and remain a 'natural man.'

This verse also tells us that things of the Spirit of God are foolishness unto the natural man.

Here's Psalm 14:1.

"The fool hath said in his heart, *There is* no God. They are corrupt, they have done abominable works, *there is* none that doeth good."

Natural man is not only fool and unable to believe God unto salvation, but is also corrupt, does abominable works, none that is good. These people may mark Christianity as their religion and may have good attendance in their churches on Sunday but clearly remain 'natural men.'

3. Carnal Christian

The second group is carnal Christians.

Let's read 1 Corinthians 3:1.

"And I, brethren, could not speak unto you as unto spiritual, but as unto carnal, *even* as unto babes in Christ."

Carnal Christians are in Christ. They have been saved. However, spiritually, they are only babies. This does not mean that they have been saved last week. You can believe for 10 years, 20 years, even your entire life and still be a spiritual infant.

I am a pediatrician. I majored in Pediatric Gastroenterlogy, Hepatology and Nutrition, which means that I often practice endoscopic procedures to take care of infants or children who have ingested coins or Mercury batteries and etc.

As immature children, these patients do not have abilities to decide not to eat these foreign bodies mature adults would never eat. Likewise, saved people who are spiritually babies are prone to involve themselves in various accidents as they don't possess capabilities to discern spiritually.

Let's continue reading verse 2 of chapter 3 of 1 Corinthians.

"I have fed you with milk, and not with meat: for hitherto ye were not able *to bear it*, neither yet now are ye able."

Carnal Christians are spiritual babies and able to drink milk only, unable to eat any harder food or strong meat.

Let's go to Hebrews 5:12.

"For when for the time ye ought to be teachers, ye have need that one teach you again which *be* the first principles of the oracles of God; and are become such as have need of milk, and not of strong meat."

These people have been in faith for long enough but stay as carnal Christians as they are ignorant of Scriptural teachings to a degree that they have to be taught the 'first principles' over again,

Here's 1 Corinthians 3:3,4.

"For ye are yet carnal: for whereas *there is* among you envying, and strife, and divisions, are ye not carnal, and walk as men? For while one saith, I am of Paul; and another, I *am* of Apollos; are ye not carnal?"

Another characteristic of carnal Christians is that they envy each other, make strifes and divisions like the unbelievers do. It is true that there are not a few Christians whose lives are not differentiated from those of non-Christians even though they have been saved and own citizenships of Heaven.

4. Spiritual Christian

Last group is 'spiritual Christians.'

Let's read 1 Corinthians 2:15,16.

"But he that is spiritual judgeth all things, yet he himself is judged of no man. For who hath known the mind of the Lord, that he may instruct him? But we have the mind of Christ."

Spiritual Christians have the mind of Christ, judge all things, yet are not judged of anyone. They meditate on God's Words constantly and know the mind of Christ.

Let's go to 1 Corinthians 3:1,2.

"And I, brethren, could not speak unto you as unto spiritual, but as unto carnal, *even* as unto babes in Christ. I have fed you with milk, and not with meat: for hitherto ye were not able *to bear it*, neither yet now are ye able."

Unlike carnal Christians, spiritual Christians are mature Christians who can consume harder food like beef steak and not just milk.

Here's Hebrews 5:14.

"But strong meat belongeth to them that are of full age, *even* those who by reason of use have their senses exercised to discern both good and evil."

Spiritual Christians can digest strong meat, which means that after disciplining their spiritual senses through deep understanding of the Scriptures, they are now able to discern both good and evil.

5. Minister

So, spiritual Christians can now lead their lives as ministers.

Let's read 1 Corinthians 3:5.

"Who then is Paul, and who *is* Apollos, but ministers by whom ye believed, even as the Lord gave to every man?"

Paul and Apollos are two representative figures of the spiritual Christians. They preached Gospel to the Corinthians and led them to salvation. They were ministers and evangelists.

Let's go to 1 Corinthians 3:6,7.

"I have planted, Apollos watered; but God gave the increase. So then neither is he that planteth any thing, neither he that watereth; but God that giveth the increase."

Spiritual Christians confess that they are nothing and only God is everything as they lead their lives as ministers. Spiritual Christians also believe that they will be compensated for their efforts which include spiritual planting and watering.

Now here's 1 Corinthians 3:8,9.

"Now he that planteth and he that watereth are one: and every man shall receive his own reward according to his own labour. For we are labourers together with God: ye are God's husbandry, ye are God's building."

As such, there is a reward to every effort. Only then do we have rational belief. However, we should not start believing that we can be saved by our works.

6. Works and Rewards

I will ask a couple of Yes or No questions.

First question: Can a person ask "Brother, can you still call yourself a Christian with your life testimony?" Is this expression right or wrong?

Second question: Can a person ask "Brother, can you still go to Heaven like this?"

Yes for the first question. However, the second question is wrong on biblical grounds.

Let's read Ephesians 2:8,9.

"For by grace are ye saved through faith; and that not of yourselves: it is the gift of God: Not of works, lest any man should boast."

It is true that we are saved by grace through faith. We cannot be saved by our works and once you are saved, you are saved for ever based on Scriptures.

However, once we are saved, there is a standard we are required to live by as citizens of Heaven or children of God.

Let's read Ephesians 2:10.

"For we are his workmanship, created in Christ Jesus unto good works, which God hath before ordained that we should walk in them."

God did not save us in order for us just to avoid going to Hell and go to Heaven. Of course, we will go to Heaven; but He saves us unto good works in Christ Jesus.

And God who understands our vulnerabilities has promised rewards to motivate us unto good works.

7. Judgment Seat of Christ

Now let's read 1 Corinthians 3:10-15.

"According to the grace of God which is given unto me, as a wise masterbuilder, I have laid the foundation, and another buildeth thereon. But let every man take heed how he buildeth thereupon. For other foundation can no man lay than that is laid, which is Jesus Christ. Now if any man build upon this foundation gold, silver, precious stones, wood, hay, stubble; Every man's work shall be made manifest: for the day shall declare it, because it shall be revealed by fire; and the fire shall try every man's work of what sort it is. If any man's work abide which he hath built thereupon, he shall receive a reward. If any man's work shall be burned, he shall suffer loss: but he himself shall be saved; yet so as by fire."

Our rewards depend on how we spend our lives for Christ Jesus who is the foundation of Christian lives. Whether our life is made of gold, silver, precious stones, wood, hay or stubble will be determined at the Judgment Seat of Christ.

Let's read 2 Corinthians 5:10.

"For we must all appear before the judgment seat of Christ; that every one may receive the things *done* in *his* body, according to that he hath done, whether *it be* good or bad."

The saved saints of the Church Age will be raptured prior to Christ's Second Coming and will stand before the Judgment Seat of Christ before entering the marriage supper of the Lamb.

At this time, there will be five types of crowns as our rewards.

8. Five crowns

Firstly, the crown of the righteousness.

Let's go to 2 Timothy 4:8.

"Henceforth there is laid up for me a crown of righteousness, which the Lord, the righteous judge, shall give me at that day: and not to me only, but unto all them also that love his appearing."

This is a crown for those who await His Second Coming and will be given unto them at His return.

Secondly, the incorruptible crown.

Let's read 1 Corinthians 9:25.

"And every man that striveth for the mastery is temperate in all things. Now they *do it* to obtain a corruptible crown; but we an incorruptible."

This is a crown for the victors who have kept under body and brought it into subjection and will not give into the lust of the flesh.

Thirdly, we have Crowns of life.

Here are James 1:12 and Revelation 2:10.

James 1:12 "Blessed *is* the man that endureth temptation: for when he is tried, he shall receive the crown of life, which the Lord hath promised to them that love him."

Revelation 2:10 "Fear none of those things which thou shalt suffer: behold, the devil shall cast *some* of you into prison, that ye may be tried; and ye shall have tribulation ten days: be thou faithful unto death, and I will give thee a crown of life."

This is the crown for the martyrs.

Fourthly the Crown of the Glory.

Let's read 1 Peter 5:2-4.

"Feed the flock of God which is among you, taking the oversight *thereof*, not by constraint, but willingly; not for filthy lucre, but of a ready mind; Neither as being lords over *God's* heritage, but being ensamples to the flock. And when the chief Shepherd shall appear, ye shall receive a crown of glory that fadeth not away."

This is the crown for elders or pastors or Bible teachers who have been faithful in feeding the flock at the return of Christ.

Fifthly and lastly the Crown of Joy.

Here are 1 Thessalonians 2:19,20 and Philippians 4:1.

1 Thessalonians 2:19,20 "For what *is* our hope, or joy, or crown of

rejoicing? *Are* not even ye in the presence of our Lord Jesus Christ at his coming? For ye are our glory and joy."

Philippians 4:1 "Therefore, my brethren dearly beloved and longed for, my joy and crown, so stand fast in the Lord, *my* dearly beloved."

This is the crown for those who saved souls.

9. Conclusion

Now I'll summarize and conclude. Which of the three groups do you belong to?

Are you a natural man? Then confess you are a sinner who deserve eternal punishment in Hell and receive Christ Jesus as your personal Savior and Lord.

God promised that "*whosoever* shall call upon the name of the Lord shall be saved." Whosoever includes all of you. It does not matter how big your sin is. Blood of the Lamb on the Cross is able to cleanse all your sins. There is no sin which Christ's blood cannot cleanse.

I hope and pray that you will receive Christ Jesus as your personal Savior and Lord today and enjoy blessing of everlasting life.

Secondly, Are you a carnal Christian who have been saved but remain as a spiritual infant? Then remember the Judgment Seat of Christ.

If you stay a carnal Christian, you will suffer loss and your works will be burned up at the Judgment Seat of Christ and you will be saved as by fire. Please keep this in mind and make efforts to fully grow into spiritual Christian.

Lastly, Are you a spiritual Christian? Then let Apostle Paul's confession and vision in the Philippians chapter 3 verses 13 and 14 be your own confession and vision.

I'll finish by reading Philippians 3:13,14.

"Brethren, I count not myself to have apprehended: but [this] one thing [I do], forgetting those things which are behind, and reaching forth unto those things which are before, I press toward the mark for the prize of the high calling of God in Christ Jesus."

Let us pray: Father, thank you so much for giving us the word of Hope that we may endure this earthy life. I pray to you God that we would be spiritual Christians always acceptable unto you. And also bless us to continue to press toward the mark for the prize of the high calling of God in Christ Jesus. All these things I pray in the precious name of Jesus. Amen.

1. 성경

　종교 개혁자 마틴 루터는 "성경을 짜 보아라. 피가 나올 것이다."라고 말을 하였다. 그의 말대로 성경을 펼쳐보면 구약은 짐승의 피, 신약은 예수 그리스도의 피가 곳곳에 넘쳐나고 있다. 그래서 성경의 표지를 제외한 테두리에는 통상 피를 상징하는 붉은 색이 칠해졌었는데 언제부터인가 붉은 색 대신에 금색이 둘러진 성경이 대세를 이루고 있다.

　그러나 피보다는 영광을 뜻하는 금색이나 또는 다른 어떤 의미를 가진 색으로 성경이 치장될지라도 근본적으로 성경이 '피의 책'(血書)인 것은 결코 부인할 수 없는 사실이다. 왜냐하면 하나님의 말씀은 화려하고 멋진 옷이 아니라 단지 피에 담겨진 옷을 입고 있음을 성경 스스로가 증언하고 있기 때문이다(계19:13).

> "또 그분께서는 피에 담근 옷을 입으셨는데 그분의 이름은 하나님의
> 말씀이라 일컬음을 받더라."(계19:13)

아울러 성경은 피(blood)의 순환(circulation)이 계속 이뤄지고 있는 '살아
있는 유기체'라고 할 수 있다. 왜냐하면 성경 곧 하나님의 말씀은 살아
있기 때문이요, 또한 생명은 피에 있기 때문이다(히4:12; 레17:11,14).

> "하나님의 말씀은 살아 있고 권능이 있으며 양날달린 어떤 검보다도
> 예리하여"(히4:12상) "이는 육체의 생명이 피에 있기 때문이니라."
> (레17:11상)

그리고 또한 성경은 수많은 피 가운데 오직 우리의 모든 죄를 깨끗이
씻어 구원케 하는 그리스도의 보혈(寶血)이 유일하게 흘러나오는 '구원
의 샘'이다. 왜냐하면 성경은 오직 그리스도의 보배로운 피로 구속(救贖)
을 받으면 생수의 강들이 흘러나오게 됨을 약속하고 있기 때문이다(벧전
1:18,19; 요7:38; 계21:6).

> "너희가 알거니와 너희 조상들로부터 전통으로 물려받은 헛된 행실
> 에서 너희가 구속(救贖)받은 것은 금이나 은같이 썩을 것으로 된 것이
> 아니요, 오직 흠도 없고 점도 없는 어린양의 피 같은 그리스도의 보
> 배로운 피로 된 것이니라."(벧전1:18,19)

> "나를 믿는 자는 성경 기록이 말한 것 같이 그의 배에서 생수의 강들이 흘러나오리라, 하시니라."(요7:38)

그렇다면 왜 하나님께서는 이토록 성경 전체를 통해 피의 강이 흐르도록 하셨으며 하나님의 말씀이 피로 연결되게 하셨는지, 그리고 피를 통해서 생명이 있도록 하셨으며 특별히 예수 그리스도의 보배로운 피를 통해 영원한 생명이 있도록 하셨는지 살펴보도록 하자.

2. 생명

먼저 하나님께서 땅의 흙으로 사람을 지으신 후 그가 살아 있도록 하기 위해서 생명의 숨을 불어 넣으셨던 장면을 생각해 보자(창2:7). 과연 구체적으로 무슨 일이 일어나 아담이 살아 있는 존재(living soul)가 되었던 것일까?

이미 뇌, 심장, 폐, 위장, 간, 콩팥 등등 인간의 몸은 완벽하게 만들어져 있었을 텐데 무엇이 이러한 인간의 각종 장기와 조직들이 동시에 살아서 제 기능을 발휘하도록 할 수 있었을까?

그것은 다름 아닌 피 때문이었다. 즉 우리 몸의 여러 기관들(systems) 중 유일하게 어느 한 곳에 국한되지 않고 온 몸을 다니는 혈액(blood)이 순환(circulation)을 시작하였기 때문이었다. 다시 말해 하나님의 숨이 들어가자 우리 몸의 각 장기와 조직과 세포들은 피를 통해 산소와 각종 영양소를 공급받아 활동을 시작하며 생명현상을 나타내게 된 것이다.

이처럼 피를 통해 생명을 갖게 된 아담은 에덴동산에서 영원한 삶을 살 수 있었다. 그러나 우리가 잘 아는 대로 그는 하나님께서 금하신 선악과를 따먹고 930세에 흙으로 돌아가고 말았다(창3:6; 5:5). 곧 죄로 말미암아 아담의 피는 부패하기 시작하여 영원한 생명을 잃어버리게 되었다.

아울러 그 후 아담의 모양과 형상을 따라 죄 가운데 태어나게 된 아담의 모든 후손들도 역시 아담으로부터 물려받은 부패된 피(SIN+)로 인하여 영원한 생명을 소유할 수 없게 되었다(창5:3; 롬3:23). 즉 육체적 죽음뿐 아니라 영적 죽음에 이를 수밖에 없는 처참한 인류의 운명이 에덴동산에서 첫 사람 아담을 통해 시작된 것이다(롬5:12). 다시 말해서 부패된 피(SIN+)를 무죄한 피(SIN-)로 바꾸지 못한 사람(soul)은 육체적 사망에 이어 둘째 사망 곧 지옥·불못(lake of fire)에 처해질 수밖에 없는 최악의 상황이 창조세계에 발생하게 된 것이다(롬6:23상; 계21:8).

3. 복음

그러자 사랑의 하나님께서는 곧바로 아담과 이브가 영적 사망에서 회복될 수 있는 메시지를 선포하셨다.

> "주 하나님께서 뱀에게 이르시되, ~ 내가 너와 여자 사이에 또 네 씨와 여자의 씨 사이에 적대감을 두리니 여자의 씨는 네 머리를 상하게 할 것이요, 너는 그의 발꿈치를 상하게 할 것이니라, 하시고"(창3:14,15)

곧 사탄은 여자의 씨로 오실 예수님의 발꿈치를 잠깐 상하게 할 뿐이지만 예수님은 사탄의 머리를 상하게 하여 사탄에게 완전한 승리를 거두게 될 것이라는 복음(protoevangelium)이 선포가 되었다. 다시 말해서 예수님이 십자가에서 '무죄한 피'(SIN-)를 흘려 죽으시고 3일 만에 부활하셔서 사망과 지옥의 권세를 완전히 파멸시키시리라는 복된 소식(gospel)이 온 인류에게 주어진 것이다(마27:4; 고전15:1-4).

그리고 나서 하나님께서는 곧바로 아담과 이브에게 가죽 옷을 만들어 입히시면서 피흘림을 통한 죄사함의 원칙을 인류에게 제시해주셨다(창 3:21; 히9:22).

이러한 하나님의 구원의 계획은 아담의 후손들에게도 전해져 아벨은 양떼의 첫 새끼들로 제물을 삼아 하나님께서 기뻐 받으시는 피의 제사를 드렸다(창4:3-5; 히11:4). 그리고 지구 전체를 뒤엎었던 대홍수 직후 방주에서 나온 노아도 정결한 짐승으로 번제헌물을 하나님께 드림으로 피흘림을 통한 하나님의 구원의 섭리를 계속 확인하였다(창8:20,21; 레1:1-17).

이후 아브라함이 아들 이삭을 번제헌물로 바치라는 하나님의 말씀에 순종하였을 때, 하나님께서는 이삭 대신 숫양을 친히 예비하셔서 어린 양의 피를 통한 대속(代贖) 곧 예수님의 십자가 사건의 그림자를 보여주셨다(창22:1-14).

그리고 이스라엘 백성들이 이집트에서 탈출하기 직전 하나님께서는 어린양의 피가 문의 인방(引枋)과 양옆 기둥에 뿌려진 집에는 파멸시키는 자가 들어가지 못하도록 하셨다(출12:1-28). 따라서 하나님께서는 이러한 유월절 사건을 통해 장차 예수 그리스도께서 어린양으로 이 세상에 오

서서 우리를 구속(救贖)하여 주실 것을 다시 한번 확실히 알려주셨다.

4. 어린양

그래서 이스라엘 백성들은 가나안 땅에 들어가서도 계속해서 유월절을 지키며 어린양의 피를 기렸고 또 연중 끊임없이 지속된 제사들을 통해 피흘림을 통한 하나님의 구원 계획을 매일 확인하였다(출12:24-27; 레1:1-18; 17:11하; 히9:22).

> "내가 이 피를 너희에게 주어 제단 위에 뿌려 너희 혼을 위해 속죄하게 하였나니 이는 피가 혼을 위해 속죄하기 때문이니라."(레17:11하)

> "율법에 따라 거의 모든 것이 피로써 깨끗하게 되나니 피흘림이 없은즉 사면이 없느니라."(히9:22)

그리고 하나님의 충만한 때가 이르자 예수님께서는 인류를 죄로부터 구원하기 위해 친히 인간의 몸을 입으시고 성령님에 의해 수태되어 처녀 마리아에게 태어나셨다(마1:21; 갈4:4). 그런데 예수님께서는 비록 마리아의 몸을 빌리셨지만 마리아의 부패된 피(SIN+)를 한 방울도 받지 않으셨다. 왜냐하면 하나님께서는 산모의 자궁에서 자라고 있는 태아에게 태반을 통하여 필요한 영양분만이 공급되게 하셨고 피는 단 한 방울도 넘어가지 않게 만드셨으며 오로지 태아의 피는 태아 자체의 조혈기관

(fetal hematopoietic organs)에서 생성되도록 하셨기 때문이었다.

그래서 '무죄한 피'(SIN-)를 지니시게 된 예수님은 이 세상의 모든 죄를 제거하는 '흠도 없고 점도 없는 어린양'이 되셨던 것이다(요1:29,36).

> "이튿날 요한이 예수님께서 자기에게 나오시는 것을 보고 이르되, 보라, 세상 죄를 제거하시는 하나님의 어린양이시로다."(요1:29)

따라서 우리가 영원한 생명을 갖기 위해서는 어린양으로 오신 예수 그리스도의 보혈(寶血)을 믿음으로 받아들여 죄를 제거해야만 하는 것이다(벧전1:18,19).

> "너희가 알거니와 너희 조상들로부터 전통으로 물려받은 헛된 행실에서 너희가 구속(救贖)받은 것은 금이나 은같이 썩을 것으로 된 것이 아니요, 오직 흠도 없고 점도 없는 어린양의 피 같은 그리스도의 보배로운 피로 된 것이니라."(벧전1:18,19)

5. 복(blessing)

다시 말해서 죄로 말미암아 사탄에게 팔려갔던 우리를 하나님께서 친히 자신의 피로 값을 치르시고 다시 찾아주시는 구속(救贖, redemption)을 통해 우리는 하나님의 자녀가 되는 복(blessing)을 얻게 된 것이다(행20:28; 엡1:3-7).

이 세상에는 수만 가지의 복이 있겠지만, 누가 무어라 해도 진정한 복은 우리가 구원 받아 하나님의 자녀가 되어 영원한 둘째 사망에서 벗어나 하나님의 영광이 가득한 천국에 가는 것이다.

그런데 왜 야벳(Japheth)의 후손들은 영어로 복(福)을 블레씽(blessing)이라고 하게 되었는지, 또는 bless(복주다)가 역사적으로 어떻게 정의되어 왔는지 알아보면 앞서 언급된 하나님의 구원의 계획을 보다 더 잘 이해할 수 있을 것이다.

웹스터 영어 백과 사전(Webster's Encyclopedic Unabridged Dictionary of the English Language, 1996)과 노아 웹스터(Noah Webster) 초판 영어 사전(American Dictionary of the English Language, 1828)을 보면 'bless' 는 고대 영어(Old English)에서 'bletsian' 이나 'bledsian' 으로 사용되었는데 이는 피(blood)로써 신성하게 한다(consecrate)는 의미가 있다. 또 이보다 앞서 고대 프레즈랜드(Friesland)어(Old Frisian)나 고대 색슨어(Old Saxon)에서는 'blōdisōnian' 으로 쓰였는데 여기에서 'blōd' 는 명백히 blood(피)라는 의미이다. 즉 피(blood)가 복(bless)이 된 것이다.

그렇다. 피흘림(bleeding)은 죄인인 우리가 죄를 용서 받고 하나님께 나아가는 복(blessing)을 얻을 수 있는 유일한 방법이다(히9:22).

> "피흘림이 없은즉 사면(赦免)이 없느니라."(히9:22하)

그래서 예수님께서는 이 세상에 어린양으로 오셔서 십자가에서 '무죄한 피' (SIN-)를 우리를 위해 흘려주시게 된 것이다(마26:26-28; 27:4; 요1:29)!

6. 의(義)

그 결과 우리는 또한 하나님께 감히 '의롭다'고 인정을 받을 수 있게 되었다(롬3:10; 5:6-11).

> "그러면 이제 우리가 그분의 피로 말미암아 의롭게 되었은즉 더욱더 그분을 통하여 진노로부터 구원을 받으리니"(롬5:9)

그런데 여기서 하나님의 복주심(창9:27)을 좇아 중국 땅에 들어온 야벳의 후손들에게 한자라는 상형문자를 만들어준 창힐이 왜 의(義)라는 한 자어를 이처럼 기록하였는지 잠깐 살펴보도록 하자.

의(義) = 양 양(羊) + 손 수(手) + 창 과(戈)

의(義)란 바로 어린 양(羊)을 자신의 손(手)으로 잡고 창(戈)으로 찔렀을 때 나오는 것(寶血)을 의미한다. 즉 어린양이 되신 예수 그리스도의 '무죄한 피'(SIN-)로써만 우리가 의로워질 수 있다는 사실을 말해준다(요1:29,36; 벧전1:19; 요일1:7; 계7:14; 12:11).

또한 의(義)는 다음과 같이 정의될 수도 있다.

의(義) = 양 양(羊) + 나 아(我)

이 등식은 양(羊) 아래에 내(我)가 있는 상태가 의(義)라는 것이다. 즉 어린양이신 예수님이 나의 주인(Lord)이 되셔야 의로워진다는 것이다.

또한 야벳의 후손들은 '의롭다'를 영어로 'righteous'로 표현하고 있는데 이것은 관계성을 설명해 주는 개념이다. 즉 "righteous relationship with God"을 의미한다. 한자어 의(義)의 풀이와 똑 같이 어린양(羊)이신 예수님을 내(我)가 구주로 모실 때에 '하나님과 올바른 관계'가 형성된다는 뜻이다(롬3:25; 골1:19,20)

> "이 예수님을 하나님께서 그분의 피를 믿는 믿음을 통하여 화해헌물(propitiation)로 제시하셨으니"(롬3:25상)

> "이는 아버지께서 그분 안에 모든 충만이 거하는 것을 기뻐하시고 그분의 십자가의 피를 통하여 화평을 이루사 모든 것 곧 땅에 있는 것들이나 하늘에 있는 것들이 그분으로 말미암아 자신과 화해하게 하셨음이니라."(골1:19,20)

7. 예수님의 피흘리심

그렇다. 우리는 오직 십자가의 피를 통해서만 하나님과 관계가 회복이 되어 하나님과 화평을 이루게 될 수 있는 것이다.

그렇다면 예수님께서 공생애 기간 동안 언제 어떻게 피를 흘리셨는지 구체적으로 살펴보도록 하자.

첫째는 예수님께서 태어난 지 8일 만에 할례를 받으심으로 피를 흘리셨다(눅2:21). 하나님께서 아브라함과 맺은 언약의 증표로 예수님께서 받으신 이 할례는 영적으로 새 창조(new creation)를 의미하는 8일에 시행되었는데 이 날은 혈액응고인자인 프로트롬빈(prothrombin) 농도가 출생 후 가장 높은 시기이기도 하다.

둘째는 예수님께서 최후의 만찬 후 유대인들에게 잡히시기 전 겟세마네 동산에서 기도하시며 피를 흘리셨다(눅22:39-46; 마26:36-46).

> "그분께서 고뇌(agony)에 차서 더욱 간절히 기도하시니 땀이 큰 핏방울같이 되어 땅에 떨어지더라."(눅22:44)

이것은 의학적으로 극심한 스트레스나 신체기관의 쇼크가 있을 때 혈액성의 땀이 분비되는 혈한증(血汗症, hemohidrosis, hematidrosis)인데 우리는 이를 통해 예수님께서 인류의 모든 죄를 담당하시려는 그 영적 고통이 얼마나 컸던 것이지 잘 알 수 있다(요일4:10, 고후5:21, 롬5:9,10).

> "하나님께서 죄를 알지도 못하신 그분을 우리를 위하여 죄가 되게 하신 것은 우리로 하여금 그분 안에서 하나님의 의가 되게 하려 하심이라."(고후5:21)

사실 겟세마네에서 혈한증을 보일 정도로 간절하였던 예수님의 기도는 십자가에서 승리의 원동력이 되었을 것이다.

8. 십자가의 보혈

셋째로 예수님은 채찍질을 당하심으로 피를 흘리셨다(마27:26; 막15:15; 요 19:1; 사53:3). 몇 번이나 채찍을 맞으셨는지 성경에는 언급되어 있지 않지만 당시의 관행으로 보아 예수님께서는 끝에 짐승의 뼈조각이나 납 같은 금속이 달린 채찍 때문에 근육과 뼈가 핏덩어리가 되어 다 드러날 정도로 맞으셨을 것이다.

넷째로 예수님은 가시나무 관을 머리에 쓰시고 피를 흘리셨다(마27:28-31; 막15:15-20; 요19:2-16). 예수님께서 머리에 쓰셨던 가시나무 관은 머리 전체를 덮었으며 각 가시의 길이는 2.5~5cm 정도였을 것으로 추정된다. 의학적으로 잘 알려졌듯이 머리는 혈관이 잘 분포된 부위인데 로마 군인들이 계속해서 예수님의 머리를 때렸기 때문에 이로 인해 엄청난 출혈이 발생했을 것이다.

그리고 예수님에게 가시나무 관을 씌운 후 로마 군인들은 또 예수님에게 자주색 긴 옷을 입혔는데 이로써 예수님께서 온 세상의 죄를 지니신 모습이 확연히 드러나게 되었다. 왜냐하면 자주색(scarlet)은 죄(sin)를 상징하고, 가시(thorn)는 아담의 타락 후 저주(curse)의 결과로 생긴 것이기 때문이다(사1:18; 창3:17,18).

다섯째로 예수님께서는 손과 발에 못이 박히며 피를 흘리셨다(마27:35; 막15:24,25; 눅23:33; 요19:16,17; 시22:16,17). 그 당시의 십자가형에는 길이가

17~18cm, 지름이 1cm 정도의 못이 사용된 것으로 추정이 된다. 그런데 이렇게 큰 못들이 요골과 척골 사이나 족관절 사이에 박히므로 뼈가 하나도 꺾이지 아니하리라는 성경기록이 성취되면서 상당한 출혈이 생기게 되었을 것이다(요19:36; 출12:46; 민9:12; 시34:20).

여섯째로 예수님께서 숨을 거두신 후 로마 군인 하나가 창으로 예수님의 옆구리를 찔렀을 때 예수님께서 피를 물과 함께 흘리셨다(요19:28-36). 아마도 폐 속에 차 있던 물(pleural fluid)과 심장의 우심실에 있던 피(blood)가 엄청나게 쏟아져 나왔을 것이다.

이처럼 한 방울도 남김없이 다 흘려진 예수님의 피로 인해 예수님이 달리신 십자가는 완전히 피로 물든 십자가로 변해 버렸고, 대신 우리는 죄사함과 구원의 복을 얻을 수 있게 되었다(벧전1:18,19).

> "너희가 알거니와 너희 조상들로부터 전통으로 물려받은 헛된 행실에서 너희가 구속(救贖)받은 것은 금이나 은같이 썩을 것으로 된 것이 아니요, 오직 흠도 없고 점도 없는 어린양의 피 같은 그리스도의 보배로운 피로 된 것이니라."(벧전1:18,19)

9. 구원

사랑하는 독자 여러분, 이제 예수님의 피를 마음에 받아들여 죄사함과 구원을 얻고 싶지 않으십니까? 그리하여 사탄의 권세로부터 승리하는 삶을 살고 싶지 않으십니까?

그렇다면 다음과 같은 기도를 진심으로 하나님께 드리시기 바랍니다.

"온 우주만물을 창조하신 하나님 아버지, 저는 제가 거룩하신 하나님 앞에서 죄인이며, 영원한 지옥의 형벌을 받아야 마땅한 존재임을 알게 되었습니다. 그리고 저를 사랑하시는 하나님께서 예수 그리스도를 이 세상에 보내셔서 죄인인 저를 대신해서 모든 형벌을 받으시고 보배로운 피를 흘려주신 사실도 알게 되었습니다.

부디 저를 불쌍히 여기시며 저의 모든 죄를 용서해 주시기 바랍니다. 또한 저를 도와 주셔서 이 죄들을 미워하여 완전히 떨쳐버리고 새로운 삶을 살 수 있게 도와주시기 바랍니다. 저는 구원받기를 원하나 저의 노력이나 방법으로는 구원받을 수 없음을 인정합니다. 저의 죄를 제거하기 위해 예수 그리스도를 보내 주시고 예수님께서 저를 위해 십자가에서 무죄한 피를 흘려 돌아가신 뒤 사흘 만에 부활하셨으니 하나님의 은혜에 진심으로 감사를 드립니다.

이제 저는 이 예수님을 신뢰하며 그분께서 부활하신 것을 믿으며 저의 구원자와 주님으로 모셔들입니다. 이제부터 영원토록 주님을 사랑하고 주님의 명령에 순종하며 다른 이들을 예수님께로 인도하고 오직 보혈의 능력으로 살아가도록 도와주시기 바랍니다.

다시 한번 저를 영원한 지옥의 형벌로부터 구원해 주시고 천국과 영원한 생명을 주신 은혜에 감사를 드리며 이 모든 것을 주 예수님의 이름으로 기도합니다. 아멘."

10. 승리

진심으로 이렇게 기도하셨다면 거짓말하실 수 없는 하나님의 다음과 같은 약속을 신뢰하고 주위의 좋은 크리스천들에게 당신이 구원받은 사실을 알리십시오. 그리고 성경대로 믿고 가르치는 교회를 찾아가십시오. 당신 안에 들어오신 성령님께 당신의 새로운 삶을 인도해 주시도록 기도하십시오. 그분께서 길을 보여주실 것입니다. 이 시간 이후 당신의 삶은 어제까지의 삶과는 전혀 다른 새로운 삶이 될 것입니다.

> **"너희가 다 그리스도 예수님을 믿는 믿음으로 말미암아 하나님의 자녀들이 되었나니"**(갈3:26)

> **"내가 그들에게 영원한 생명을 주노니 그들이 결코 멸망하지 않을 것이요, 또 아무도 내 손에서 그들을 빼앗지 못하리라."**(요10:28)

아울러 예수 그리스도의 보혈로 우리가 죄와 마귀의 세력을 물리칠 수 있는 능력을 갖게 된 것을 늘 기억하십시오. 매일매일 승리의 삶을 사실 수 있을 것입니다.

> **"그들이 어린양의 피와 자기들의 증언의 말로 그를 이기었으니 그들은 죽기까지 자기 생명을 사랑하지 아니하였도다."**(계12:11)

> **"또 그분의 아들 예수 그리스도의 피가 모든 죄에서 우리를 깨끗하게 하느니라."**(요일1:7)

문서선교사로의 초대 >>>

문서선교사로 여러분을 초대합니다

건강과 생명 보내기 운동 후원신청서

천사가 되어주세요! 1개월 1만 원의 후원금으로 4명에게
《건강과 생명》을 보내는 천사구원 운동에 여러분을 초대합니다!

이 캠페인은 매달 1인 1구좌 1만원의 후원금 약정을 통해 기증 4권(혹은 본인 1권, 기증 3권)을 월간 《건강과 생명》을 필요로 하는 곳(병원, 교도소, 원목실, 호스피스 단체, 장애인 단체, 개척교회, 낙도 오지 등)에 보내는 운동입니다.
한(1)사람이 네(4)권을 기증해 사람을 구원(91)하는 전도사역입니다. 월 만원의 후원금으로 천하보다 귀한 영혼을 구원하고 낙심과 실의에 빠진 영혼을 일으켜 세우는 귀한 문서사역에 여러분의 많은 참여를 부탁드립니다.

신 청 서

후원금액 : 월 ____구좌 ____만원 (1구좌 : 1만원, 2구좌 : 2만원, 5구좌 : 5만원, 10구좌 : 10만원)	

은 행 명 : 우리, 국민, 신한, KEB하나, 농협, SC 기업, 우체국, 기타( )	출금 희망일: (셋 중 하나 선택) ☐5일 ☐15일 ☐25일
계좌번호:	생년월일(혹은 사업자등록번호):
예금주: 휴대폰:	이체 개시일 : 20 년 월 일

신청인 (월간지 발송과 추후 확인을 위해 필요한 사항이니 자세히 기입해 주세요)

이 름		성 별	남 / 여	예금주와의 관계	
주 소					
전 화			휴대폰		
기증부수 발송형태	☐ 본인 1부 + 나머지 부수 기증		☐ 전체 부수 기증	☐ 기타	

개인정보 활용동의 (자동이체 신청에 필수적인 항목이니 동의함에 체크해주세요)

개인정보 수집 및 이용동의	• 수집 및 이용목적 : 효성CMS 자동이체를 통한 요금 수납 • 수집항목 : 성명, 생년월일, 연락처, 은행명, 예금주명, 계좌번호, 예금주 휴대전화번호 • 보유 및 이용기간 : 수집/이용 동의일부터 자동이체 종료일(해지일)까지 • 신청자는 개인정보의 수집 및 이용을 거부할 수 있습니다. 단, 거부 시 자동이체 신청이 처리되지 않습니다. 동의함☐ 동의하지 않음☐
개인정보 제3자 제공공동	• 개인정보를 제공받는 자 : 효성에프엠에스(주) 금융기관(하단 신청가능한 은행 참조), 통신사(SKT, KT LGU+, CJ헬로비전)등, 자세한 내용은 홈페이지 게시(www.efnc.co.kr / 제휴사 소개 메뉴 내) • 개인정보를 제공받는 자의 이용 목적 자동이체서비스 제공 및 자동이체 동의 사실 통지 • 제공하는 개인정보의 항목: 성명, 생년월일, 연락처, 은행명, 예금주명, 계좌번호, 예금주 휴대전화번호 • 개인정보를 제공받는자의 개인정보 보유 및 이용기간 동의일부터 자동이체의 종료일(해지일)까지 단, 관계 법령에 의거 일정기간 동안 보관 • 신청자는 개인정보에 대해 수납업체가 제 3자에 제공하는 것을 거부할 수 있습니다. 단, 거부 시 자동이체 신청이 처리되지 않습니다 동의함☐ 동의하지 않음☐

※ 자동이체 동의여부 통지 안내 : 효성에프엠에스(주) 및 금융기관은 안전한 서비스의 제공을 위하여 예금주 휴대번호로 자동이체 동의 사실을 SMS(또는 LMS)로 통지합니다

신청인(예금주)은 신청정보, 금융거래정보 등 개인정보의 수집·이용 및 제 3자 제공에 동의하며 상기와 같이 효성CMS 자동이체를 신청합니다.

신청일 : _____ 년 ____월 ____일

신청인 이름 : _____ 서명 : _____
예금주 이름 : _____ 서명 : _____
(신청인과 예금주 다를 경우)

지금 즉시 신청하세요!
☎ **02-3673-3421**

월간 건강과 생명 보내기 운동본부

서울시 종로구 대학로7길 7-4 1층 월간 건강과 생명 전화: 02)3673-3421 Fax:02)3673-3423 www.healthlife.co.kr

해당 사항에 체크하셔서 우편으로 보내 주세요

절취선